D1700638

Fremdbild des Ruhrgebiets

gestaltentreffen Verlag

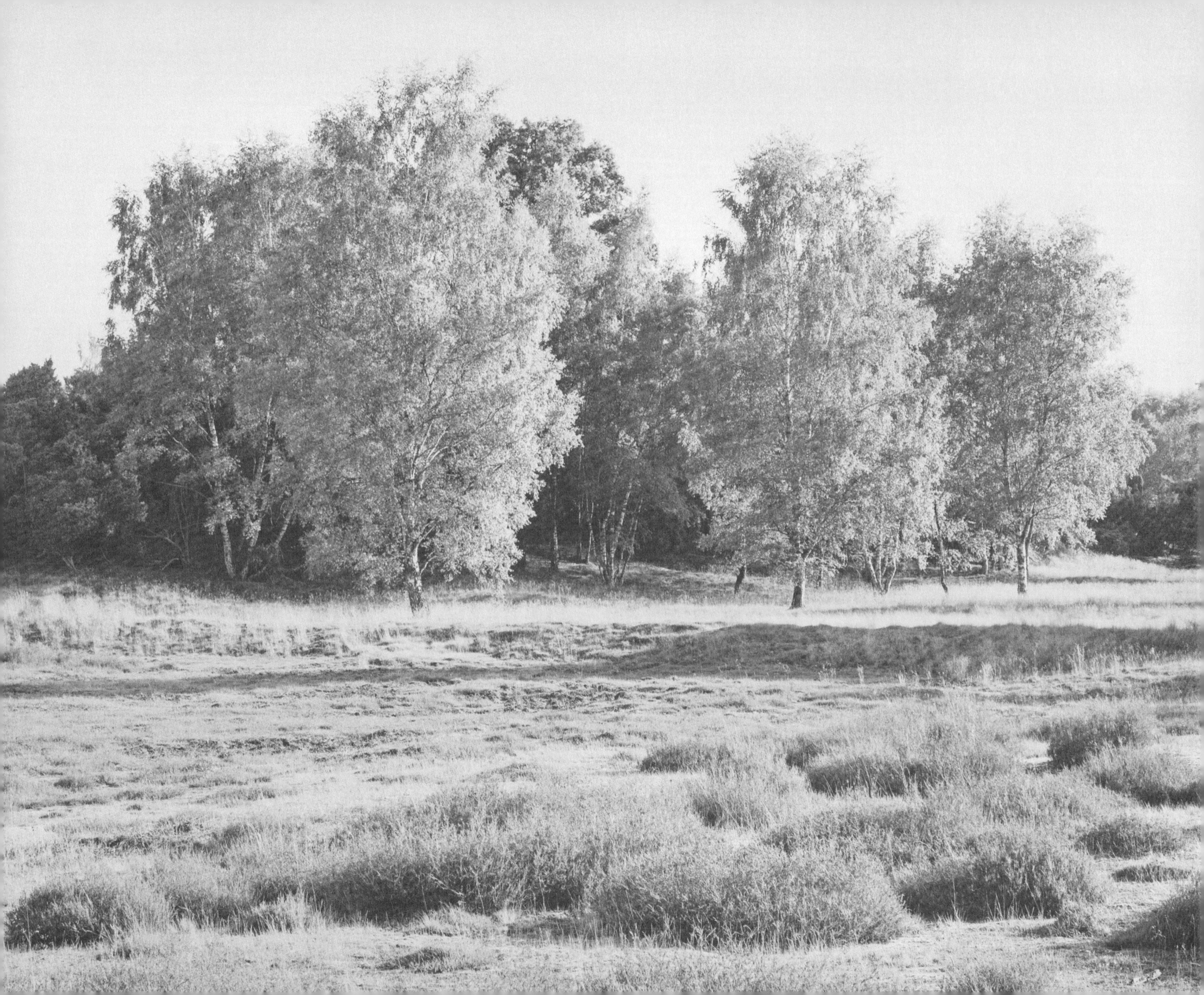

Vorwort Seite 07

Fremdbilder Seite 16

Bildverzeichnis Seite 91

Impressum Seite 97

Dank Seite 103

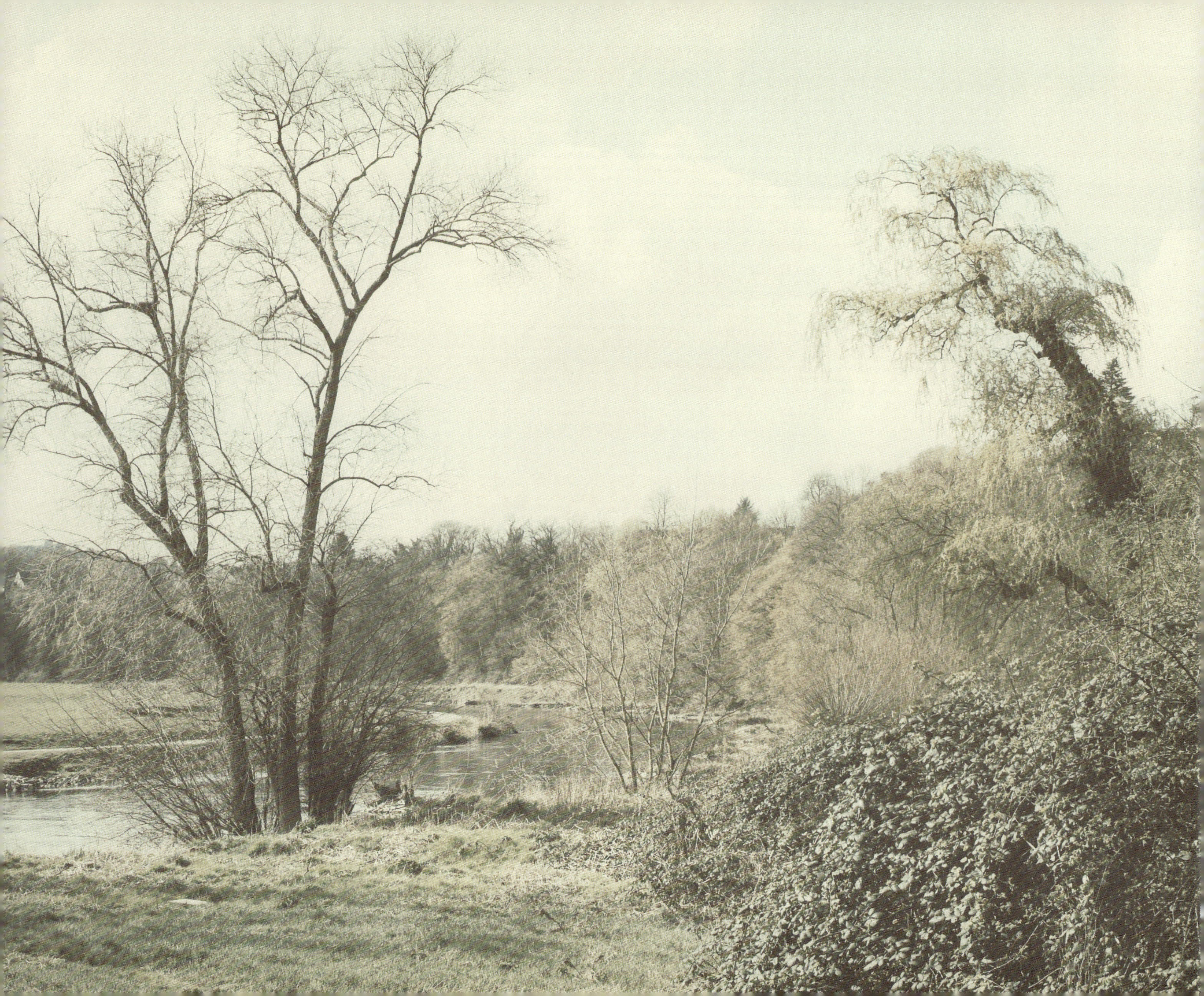

Vorwort

Thomas Solecki
Fotograf und Herausgeber

Fremdbild des Ruhrgebiets

Wie setzt man sich mit dem Thema „Heimat" fotografisch auseinander? Nun, die Frage habe ich mir persönlich sehr oft gestellt in den letzten Jahren. Sicherlich waren auch meine ersten Serien „Bochumer Urtyp" und „TRAUMstadt Bochum" eine Auseinandersetzung mit dem Thema. Wenn auch sehr beschränkt auf die unmittelbare Heimat, begrenzt auf die eine Stadt. Bochum. Mein Zuhause. Meine Heimat.

Doch weitläufig betrachtet, vor allem durch die unzähligen Fahrten quer durch das Ruhrgebiet, spielt sich Heimat bei Weitem nicht allein in der unmittelbaren Heimat ab. Das Ruhrgebiet erstreckt sich über eine Fläche von rund 4 500 Quadratkilometern. Um so größer ist also auch meine Heimat, das Ruhrgebiet.

Schon längst sind es nicht mehr die Kohlehalden, die das Ruhrgebiet prägen. Klischees, die über Jahrzehnte bedient wurden. Mit Kohle und Stahl. In der Gegenwart und mit offenen Augen betrachtet sind es längst nicht mehr die auf Kohlehalden Fußball spielenden Kinder oder die unter Fördertürmen grasenden Schafe. Industrieromantik und Ruhrgebietsnostalgie, die außerhalb des Ruhrgebiets heute noch in den Köpfen der Menschen fest zementiert sind. Und die auch hier seit dem Erlöschen der Brot und Arbeit bringenden Großindustrie in den Köpfen der Menschen fest verankert sind. Fest verschweißt.

Wie also dieses Thema verarbeiten, Bilder erschaffen, die das Ruhrgebiet und meine Heimat darstellen, ohne genau diesen Klischees zu folgen?

Die Antwort liegt sehr nahe. Indem man die Szenerien fotografiert, die einen persönlich selbst oft haben fragen lassen: Das könnte doch auch am Mississippi oder in den Everglades sein. Oder im Bayerischen Wald? Wildnis in Osteuropa? Heidelandschaften? Eine afrikanische Savanne? Eine Schneelandschaft in Süddeutschland? Oder ist es womöglich dort, wo man im ersten Moment nicht oder nicht unmittelbar an das Ruhrgebiet denkt? Weiter weg, viel weiter weg?

So sind es Bilder einer nicht präsenten, fremden und trotzdem sehr reizvollen Seite des Ruhrgebiets. Unterschiedliche Facetten natürlicher Landschaften und menschengemachter Umgebungen, die das Ruhrgebiet in seiner vollen Vielfalt abbilden. Es sind Fragmente, die aus dem Zusammenhang real existierender Plätze und Landschaften gelöst sind, wodurch die einzigartigen Orte Universalität erhalten. Die Bildausschnitte lassen sich oft nicht einfach einordnen und könnten überall sein. So entsteht aus bekannten Details in der Gesamtheit ein neues, ein fremdes Bild – das Fremdbild des Ruhrgebiets.

Unterstützt wird dieser Aspekt durch die räumliche Annäherung von thematisch meist zusammenhängenden Motiven, zwischen denen unter Umständen real viele Kilometer liegen. Mithilfe meiner Kamera und der Aneinanderreihung und Gegenüberstellung in dem Bildband werden so die Einzelbilder defragmentiert und zu einem neuen Ganzen zusammengefügt.

Der Bildband soll irritieren, was die Eindrücke vieler Plätze und Orte bei der Entstehung der Fotografien auch mit mir taten. So soll er nicht alleine wegen des Titels irritieren. Auch wegen seiner zurücknehmenden Farben der Fotografien. Farbe, was für einen Schwarzweiß-Fotografen ebenso fremd ist.

Zurückhaltung und Bescheidenheit der Farben spiegeln eine der wohl auch heute noch gelebten Tugenden der Menschen im Ruhrgebiet wider. Er irritiert aber auch, weil es um ungewohnte Sichtweisen des Ruhrgebiets geht.

So bilden einige Fotografien auch das ab, was einst das Ruhrgebiet so sehr prägte: Eine Arbeiterkolonie, die dicht besiedelt war und den Menschen nicht nur ein Dach über den Köpfen gab. Stadien, die in der Frühzeit des Fußballs zehntausende Zuschauer lockten. Orte, an denen einst die Verlassenheit der heutigen Zeit fremd war und die das Bild des Ruhrgebiets prägten. Oder OPEL und sein Werksgelände, ein heute menschenverlassener Platz, der tausenden Menschen über Jahrzehnte Arbeit und Wohlstand gab. Wie dem Großteil meiner Familie.

Mit diesem Bildband soll der Versuch gelingen, durch das Zusammenfügen von 72 Einzelaufnahmen eine neue, fiktive Region entstehen zu lassen, eine Art Fantasiewelt. Denn ebenso fremd und faszinierend wirkt das Ruhrgebiet in der Bildstrecke nach knapp drei Jahren Arbeit auf mich. Viele der vorher geplanten Orte und Plätze sind durch die Reise bei der Arbeit an dem Buch spontan durch die erlebten Eindrücke ergänzt worden. Ich möchte den Betrachter dadurch anregen, sich mit den Bildern und gleichermaßen mit seinem eigenen Bild vom Ruhrgebiet auseinanderzusetzen. Er wird ebenso erfahren, welche unerwartete Vielfalt die Region doch zu bieten hat. Und so ist der Bildband auch eine Chance, das Ruhrgebiet anders zu entdecken. Eine Chance für ein sich änderndes Außenbild des Ruhrgebiets. Und ebenso eine Chance für einen Neuanfang.

Meiner Heimat.

Peter Liedtke
Pixelprojekt_Ruhrgebiet

Das Bild des Ruhrgebiets
Eine lange Geschichte!

Die Auseinandersetzung mit dem Bild des Ruhrgebiets, das ja vornehmlich durch die Fotografie geprägt ist, hat inzwischen eine lange und auch viel diskutierte Tradition. Obwohl auch gerade der Blick von außen dazu taugt, die Region frisch und unvoreingenommen zu zeigen, suchen doch häufig genau diese Fotografen nach den allbekannten Klischees, nach den Zechen und den rauchenden Schloten, nach den Taubenvätern und dem Leben „anne Bude". Und sie haben ja auch recht. Die Industriekultur ist unser Alleinstellungsmerkmal – der Rest ist „Endlich so wie überall" wie eine Ausstellung des Museum Folkwang schon 1987 zeigte. Die Fotografen dieses legendären Projektes kamen aus der Region, wenngleich auch längst nicht alle hier geboren waren.

Anders bei dem Kölner Fotografen Chargesheimer, der 1957 das Ruhrgebiet bereiste und fotografierte. Der daraus entstandene Bildband „Im Ruhrgebiet" führte zu massivsten Protesten der Stadtoberen, die sich dieses Bild von außen nicht gefallen lassen wollten. Dabei war auch dies eine authentische und künstlerische und vor allem subjektive Sicht auf die Region. Bereits davor gab es viele Versuche, die Region zu zeigen z. B. von Heinrich Hauser oder auch von Albert Renger-Patzsch. Und ebenso danach gab und gibt es nahezu endlos viele Projekte und Arbeiten, die sich mit dem Bild der Region beschäftigten: wie Otto Steinert mit seinen Schülern, wie der Siedlungsverband Ruhrkohlenbezirk (später Kommunalverband Ruhrgebiet und jetzt Regionalverband Ruhr) mit Bänden wie „Ruhrgebiet – Porträt ohne Pathos" oder auch das Projekt „24 Stunden Ruhrgebiet", das Projekt „Lebensraum Ruhrgebiet" der internationalen Fototage Herten, das Projekt „Schön ist es auch anderswo" des Rheinischen Industriemuseums, die Ausstellungsreihe der Ludwig Galerie Schloss Oberhausen zum Emscher Landschaftspark und die Kulturhauptstadt Ruhr 2010 mir „Ruhrblicke". Nach und nach entstanden aber auch parallel viele Arbeiten im Selbstauftrag.

Zu nennen sind hier sicherlich Joachim Schumacher, Brigitte Kraemer, Manfred Vollmer, Wilhelm Schürmann, Michael Wolf, Wolfgang Staiger, Walter Vogel, Hans Rudolf Uthoff, Rudolf Holtappel, Horst Lang, Bernd Langmack und jetzt auch Thomas Solecki.

Alle diese Sichten sind anders. Und alle diese Sichten stimmen für sich. Doch erst in der Zusammenschau schaffen sie so etwas wie Wahrheit. Jede neue Position macht das Gesamtbild deutlicher und erkenntnisreicher.

Dabei liefert die Region mit ihren Widersprüchlichkeiten, mit ihren Ecken und Kanten, mit ihrem Aufbau und Verfall immer wieder neue und andere Ansätze der Auseinandersetzung. Für uns, die wir hier leben, ist diese Auseinandersetzung wichtig, denn es geht um unsere Zukunft. Wohin soll sich diese Region mit ihrer Geschichte aus Stahl und Kohle entwickeln? Was ist unsere Zukunft und was unsere Identität? Die Frage nach Heimat ist nun, 70 Jahre nach Kriegsende in Deutschland und fast 60 Jahre nach dem Beginn der Kohlekrise, auch im Ruhrgebiet möglich.

Aber was genau ist diese Heimat? Was ist das Ruhrgebiet heute? Wie sieht sie aus, diese Landschaft Ruhrgebiet, die mehr Stadt ist als Land? Wo die Flüsse (noch) Abwasserkanäle sind und die Berge Halden – wo es Sümpfe gibt und Heidelandschaften und zunehmend modern gestaltete Parklandschaften neben leerstehenden Siedlungen? Wo an allen Ecken und Enden Fortschritt sichtbar wird und nebenan Stillstand und Zerfall?

Thomas Solecki ist einer dieser Fotografen, die sich auf den Weg machen, ein Bild ihrer Heimat zu entwerfen. Geboren in Wattenscheid und wohnhaft in Bochum, ist er Insider mit geschärftem Blick.

„Fremdbild" nennt er seine fotografische Auseinandersetzung und Auswahl. Dabei versucht er durch Verfremdung dem fremden Bild von außen seine subjektive Sicht entgegenzustellen – liebevoll, aber auch offen für die Wunden aus Schrumpfung und Überformung. Dabei spielt er mit dem Begriff der Realität. Obwohl die Orte real sind, erscheinen sie wie aus einem Traum oder aus der Erinnerung, sind fremd und vertraut zugleich.

Was bleibt, ist die Suche nach DEM Bild des Ruhrgebietes. Mit „Fremdbild" liefert Thomas Solecki einen weiteren Zugang jenseits der Welt der Werbung.

Was wir daraus machen, liegt an uns.

Peter Liedtke leitet das Pixelprojekt_Ruhrgebiet, die digitale Sammlung fotografischer Positionen als regionales Gedächtnis. Das Projekt sammelt Fotografien, die im Laufe von Jahrzehnten als Produkt der seriellen Auseinandersetzung einzelner Fotografinnen und Fotografen mit Themen der Region entstanden sind, ordnet diese Bildserien, bringt sie in eine thematische und chronologische Struktur und macht sie auf einer Internetseite überhaupt erst sichtbar. Im Laufe der Jahre entsteht so ein fotografisches Gedächtnis der Region, das Mythen einer vergangenen Zeit mit visionären Bildern des Kommenden in Beziehung setzt.

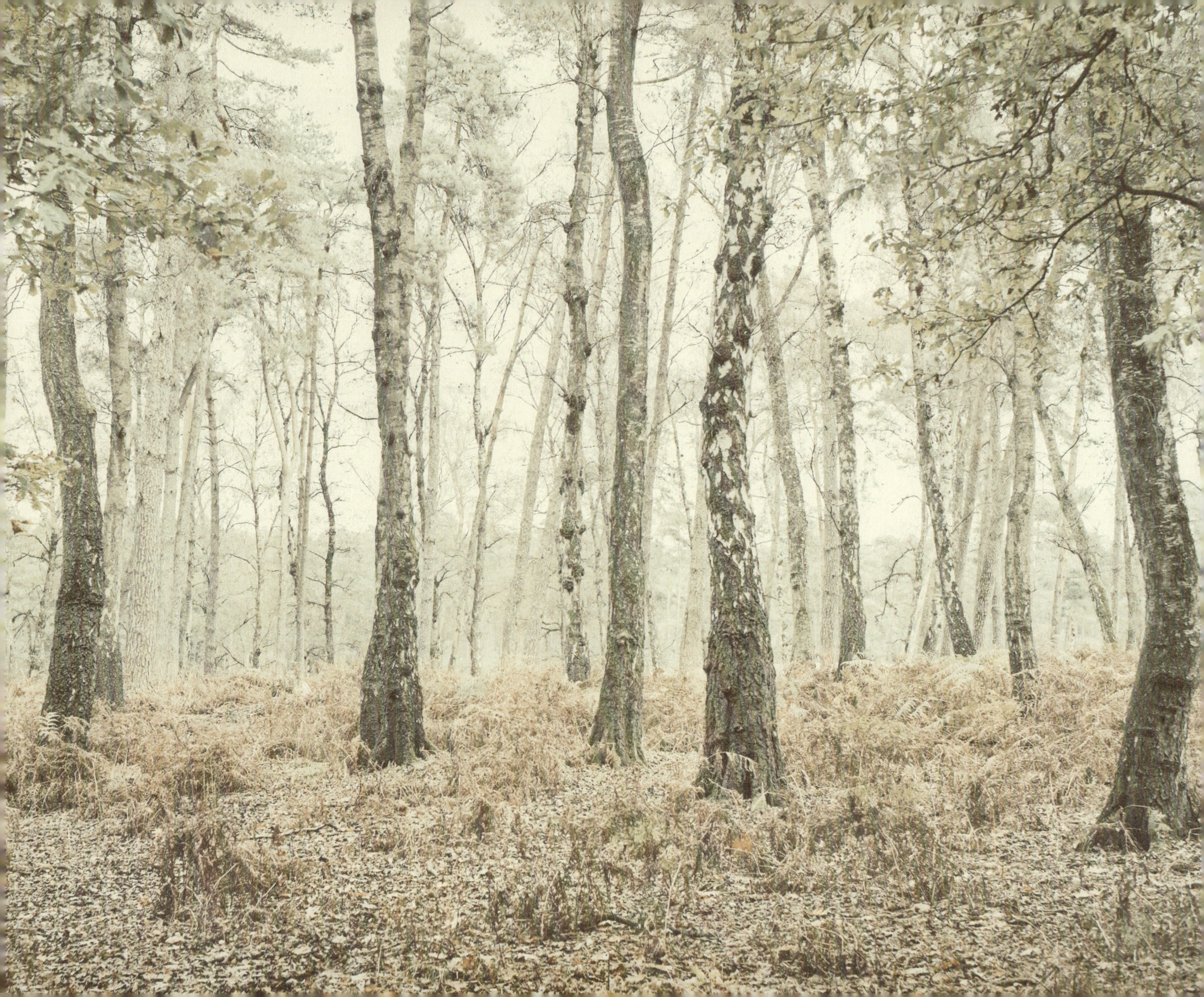

Fremdbilder

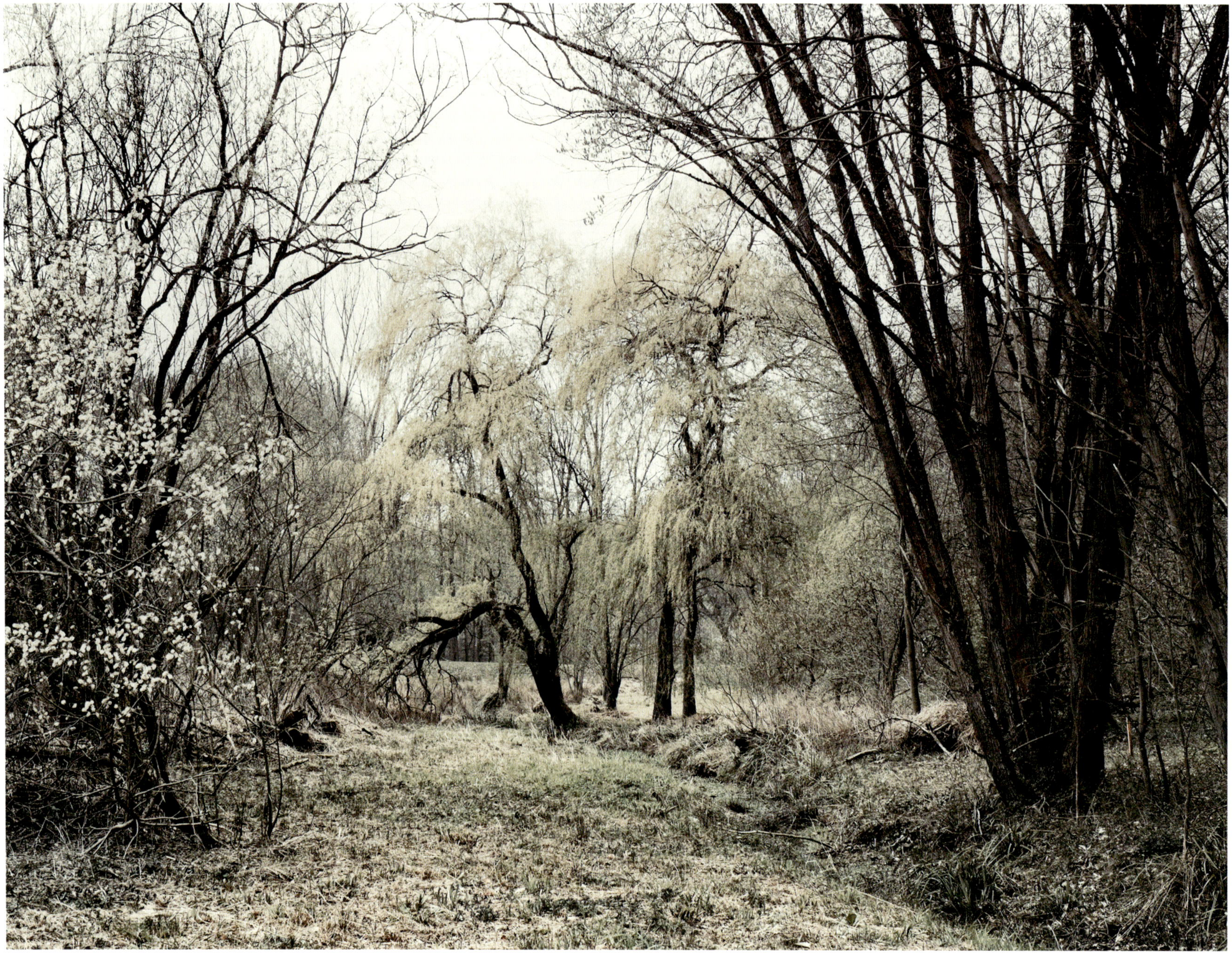

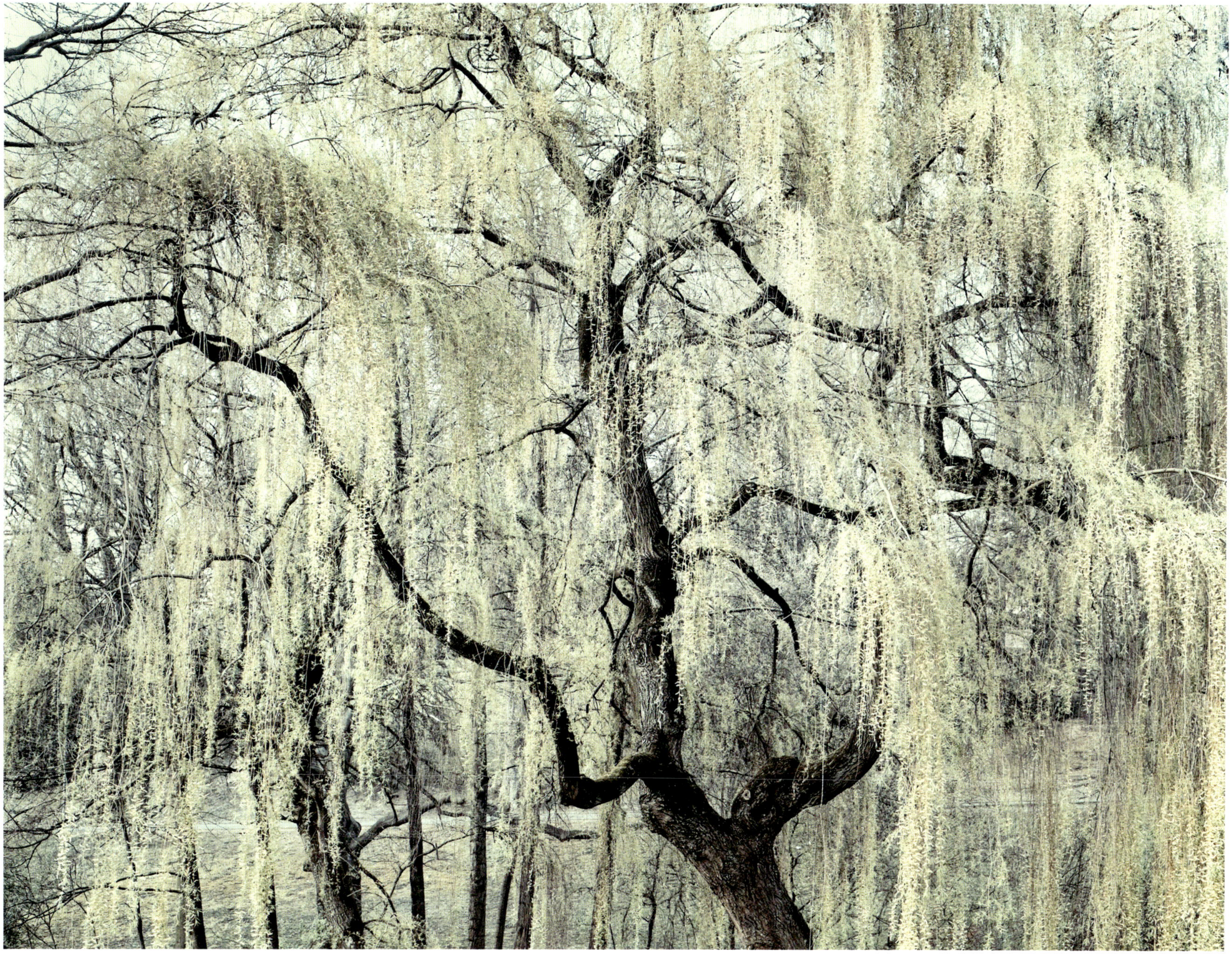

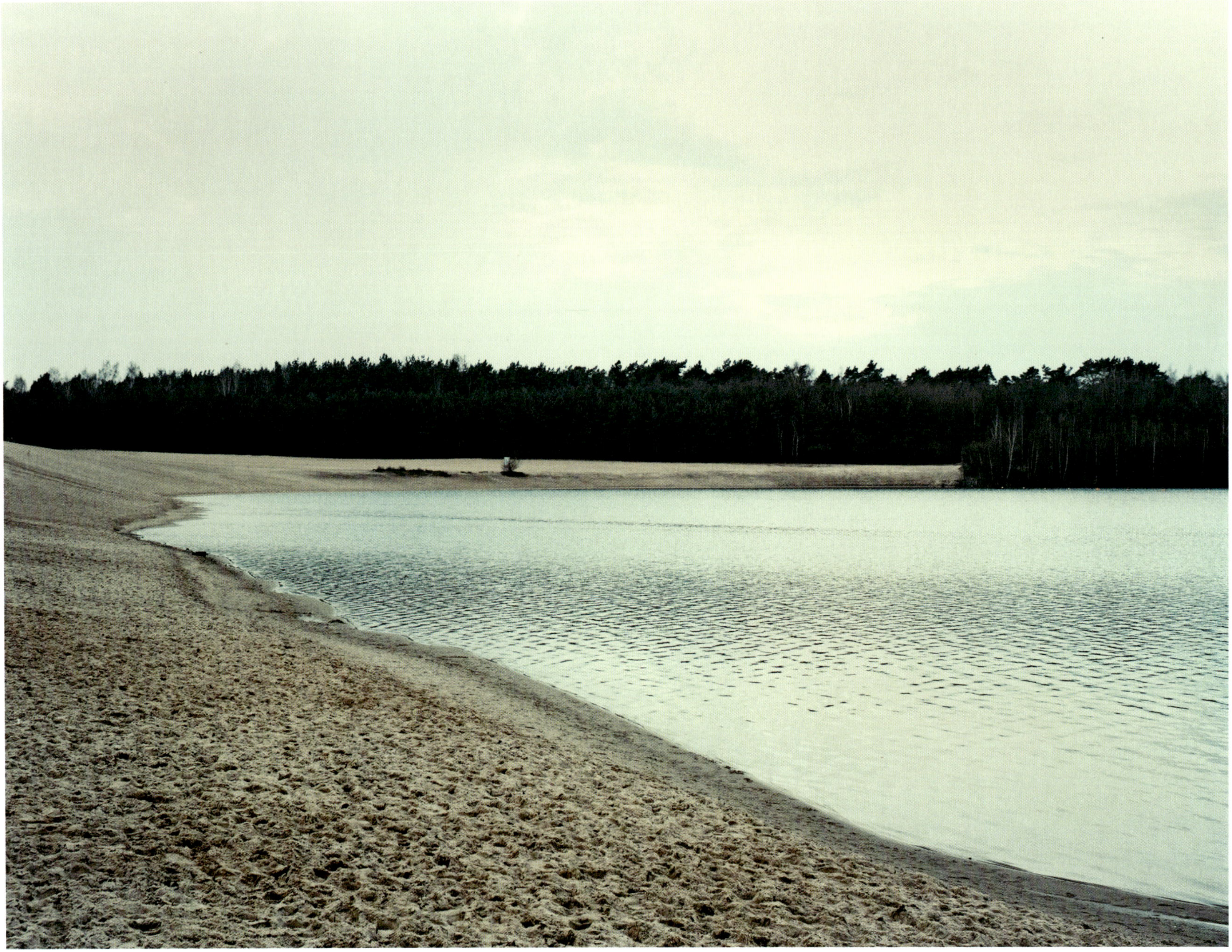

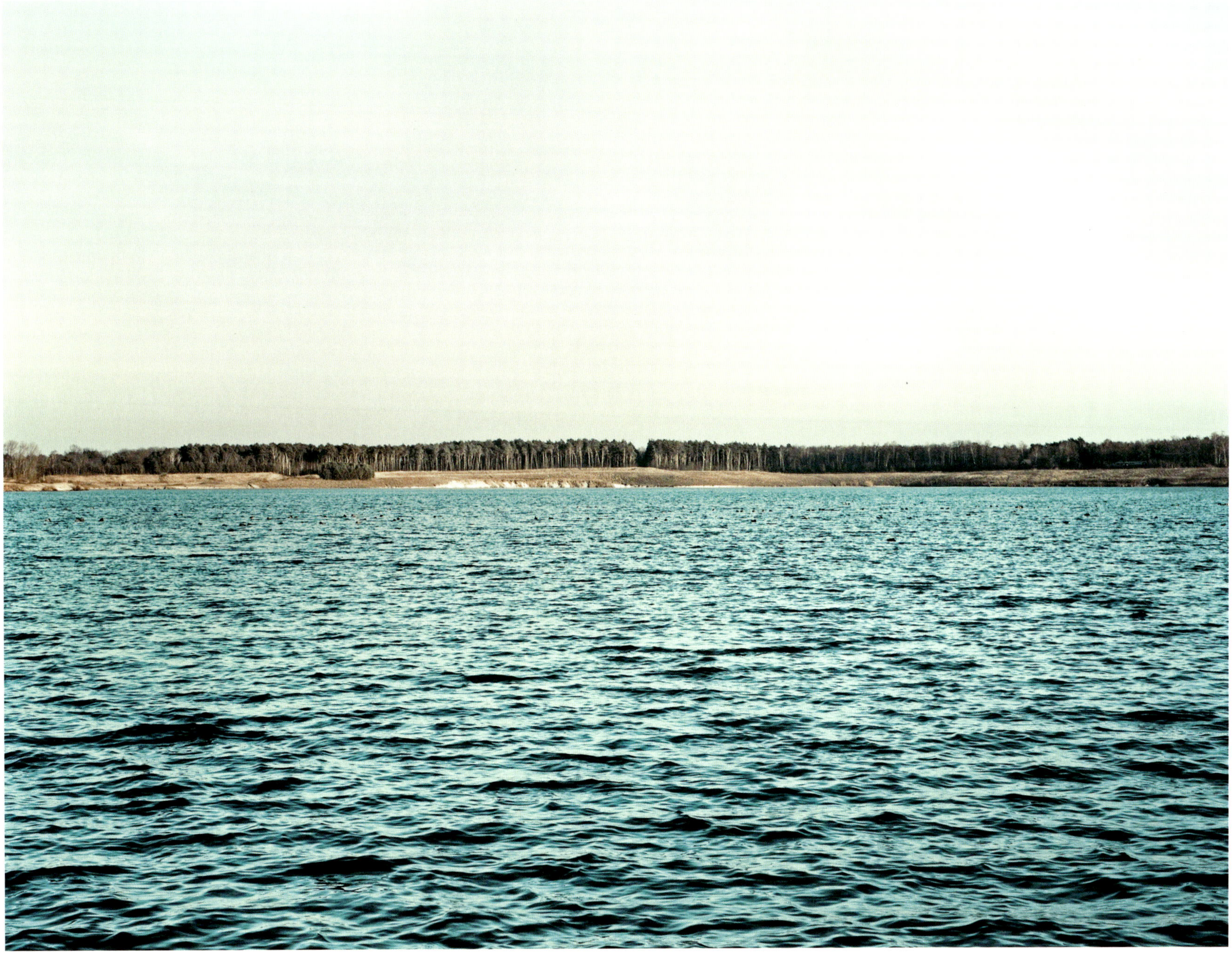

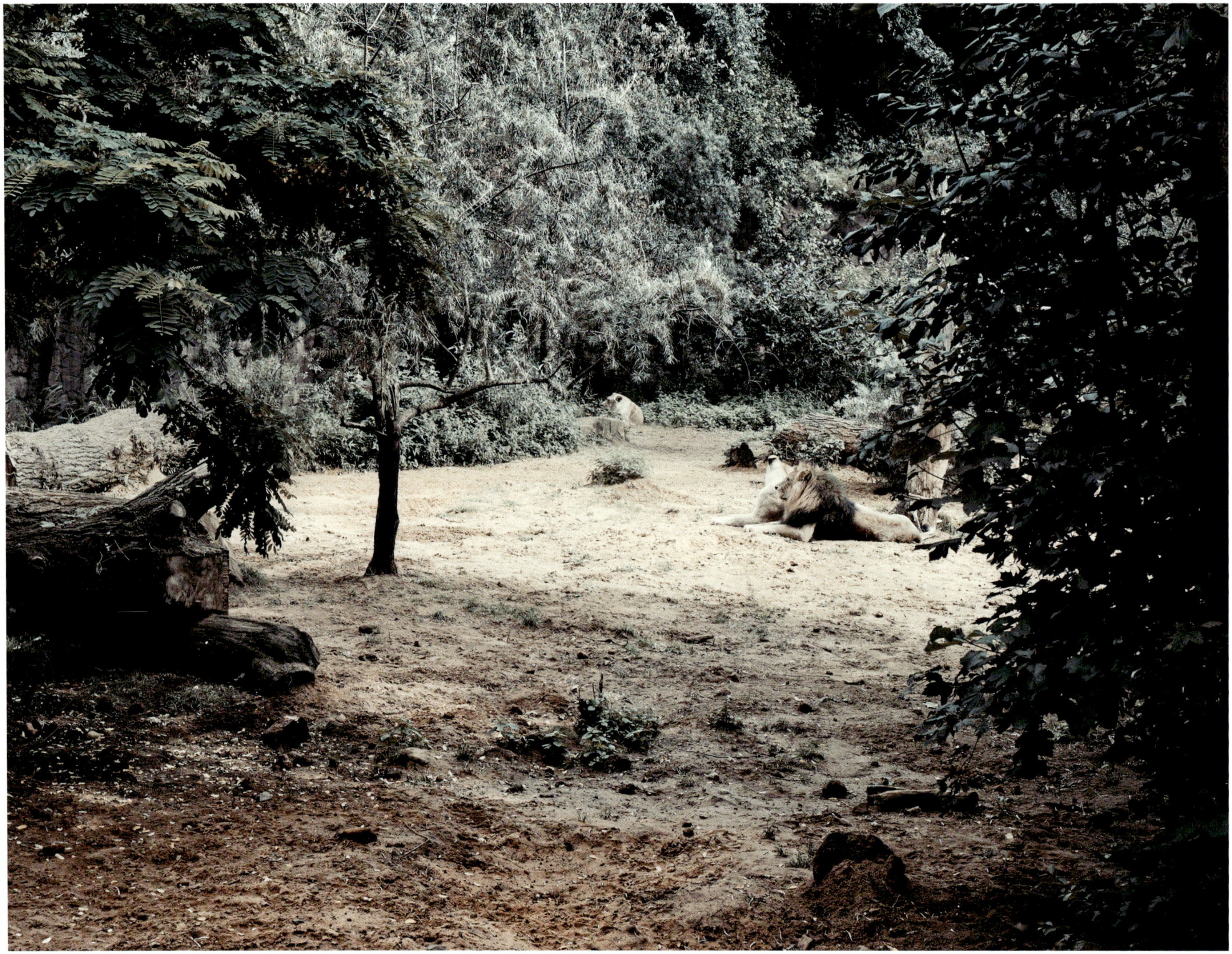

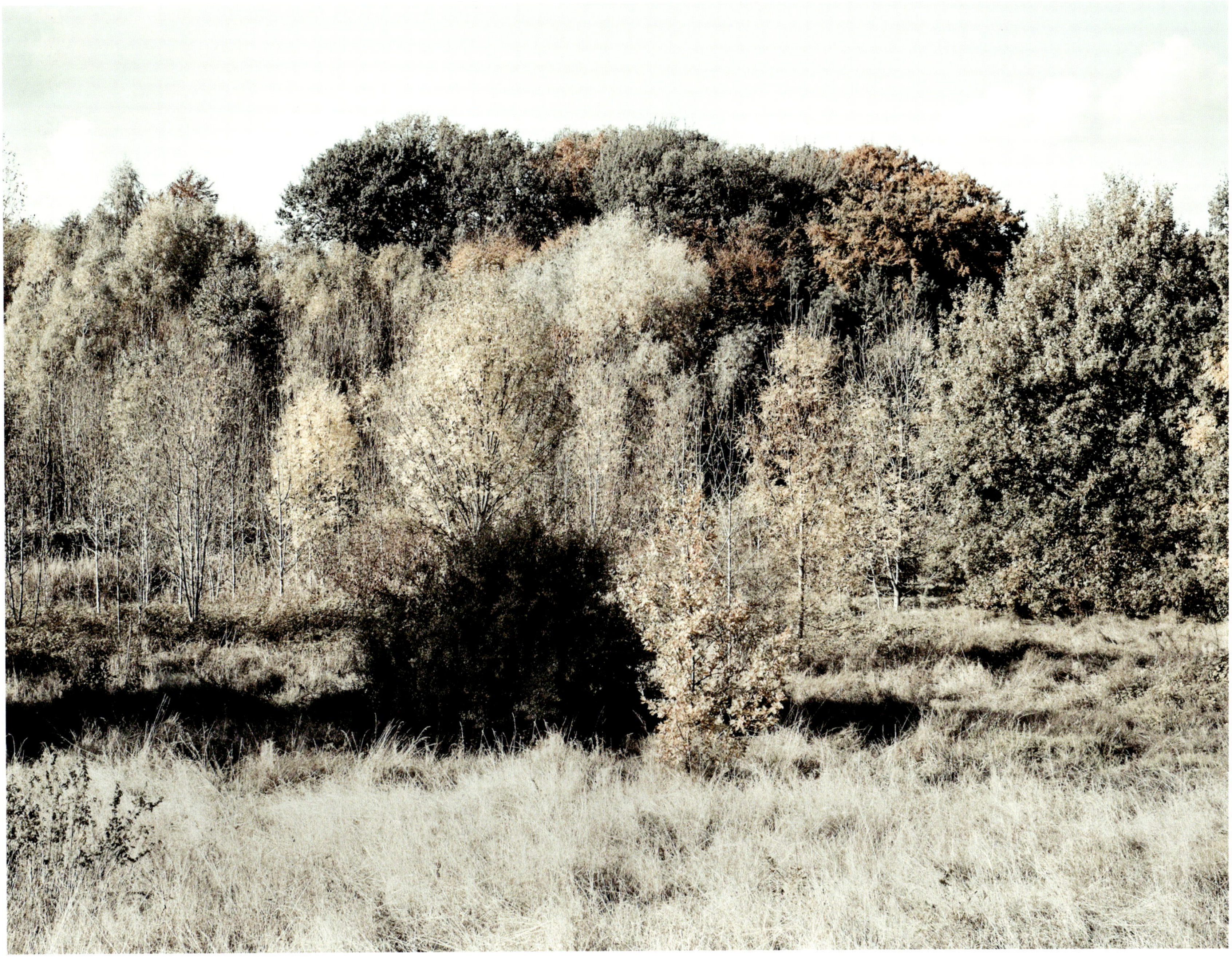

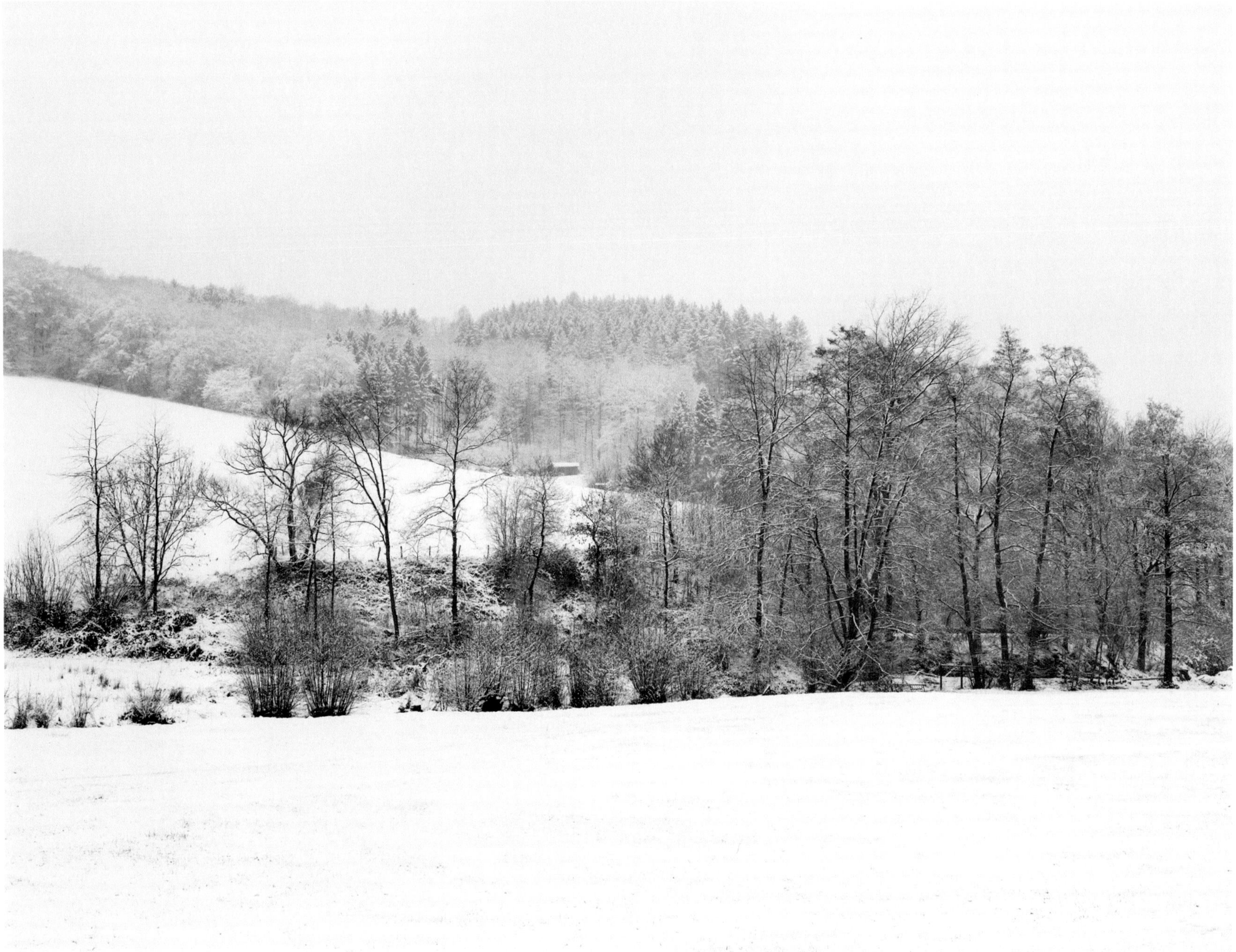

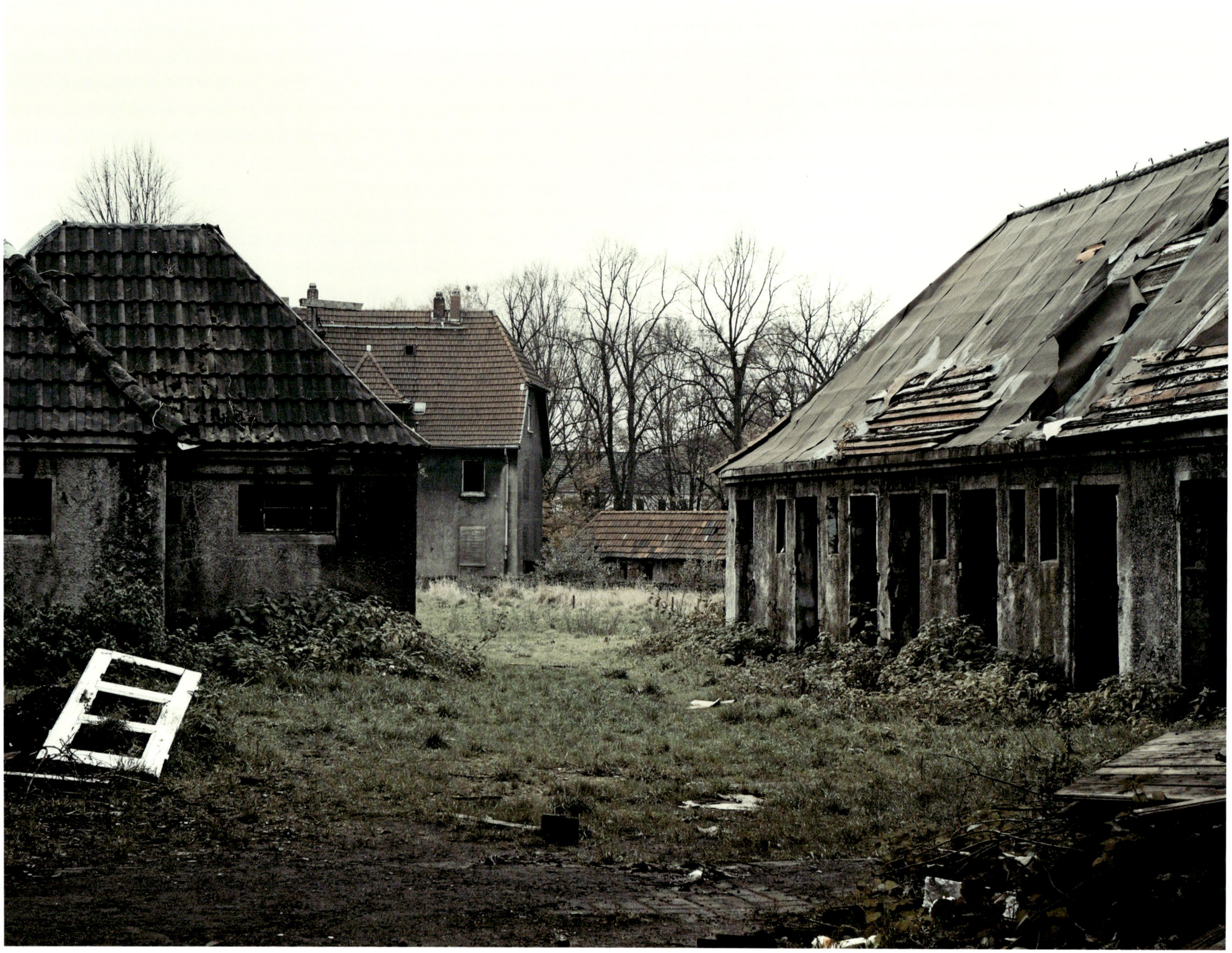

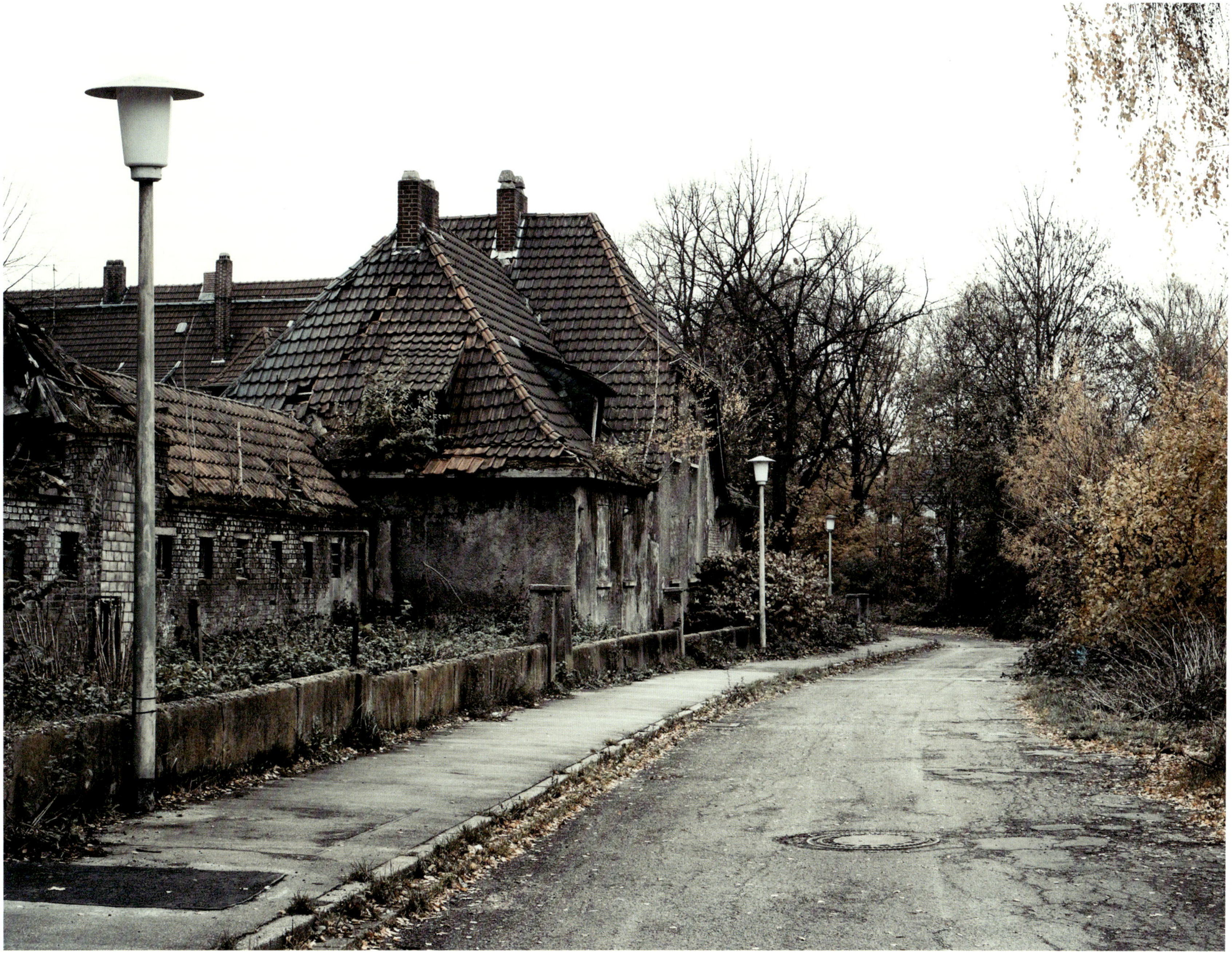

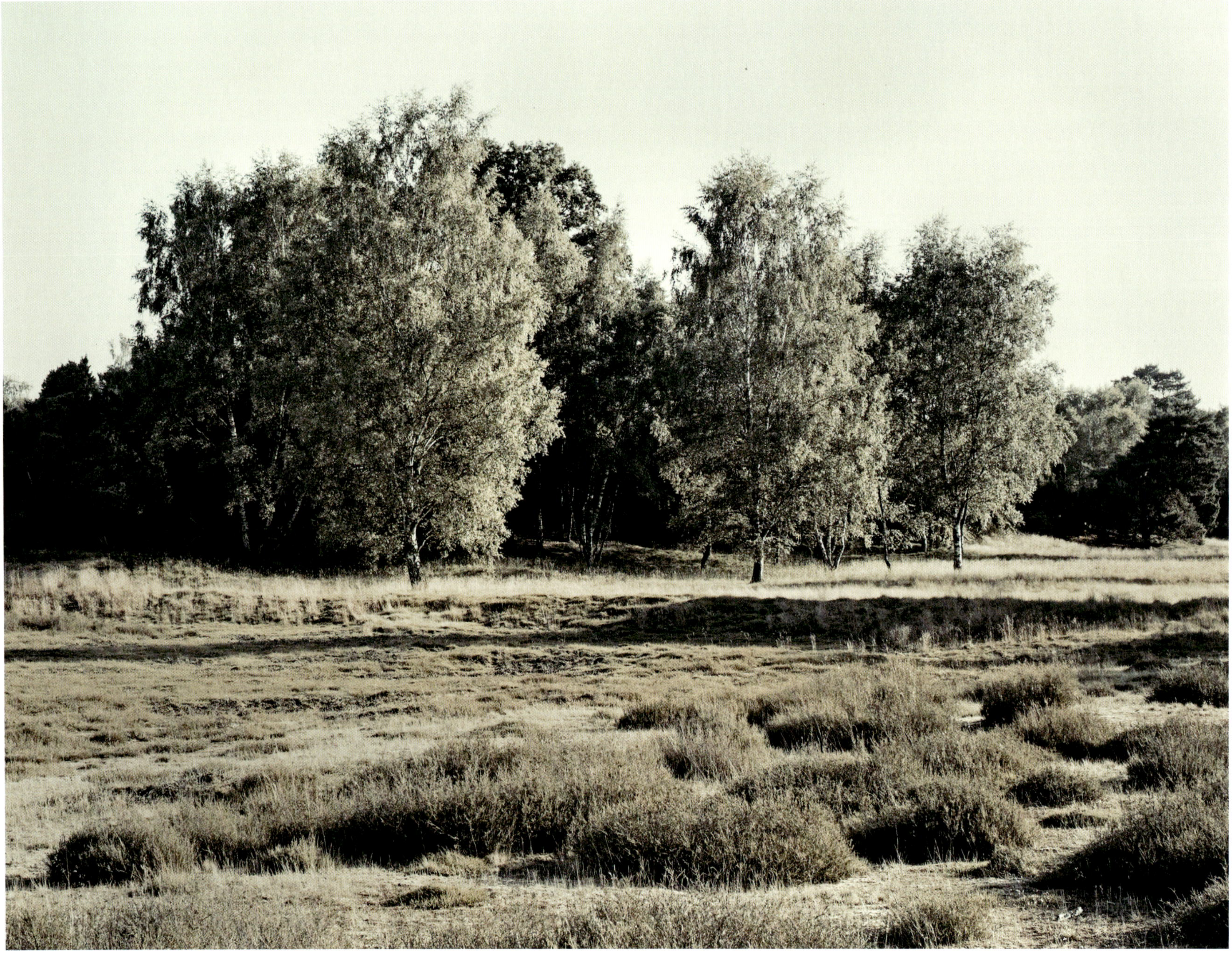

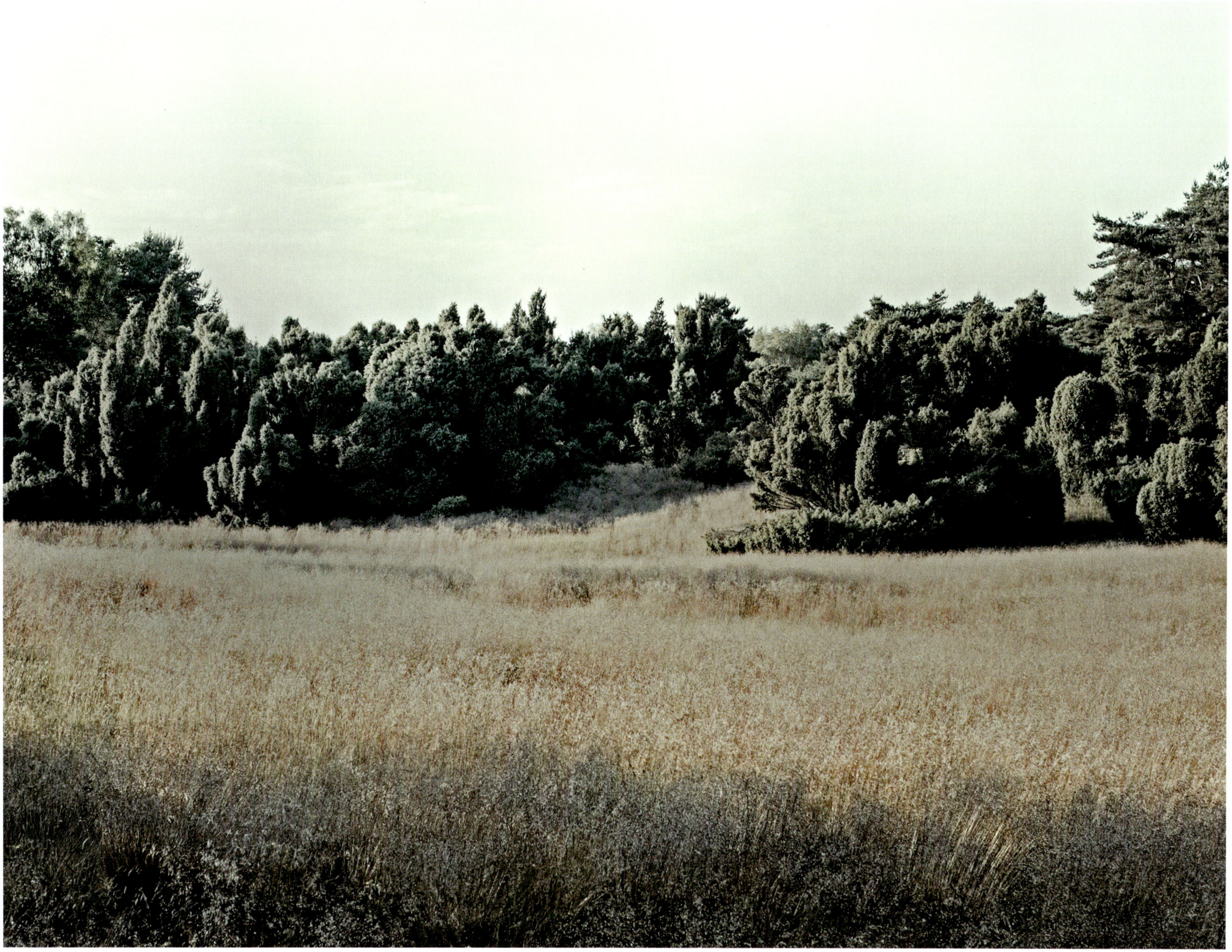

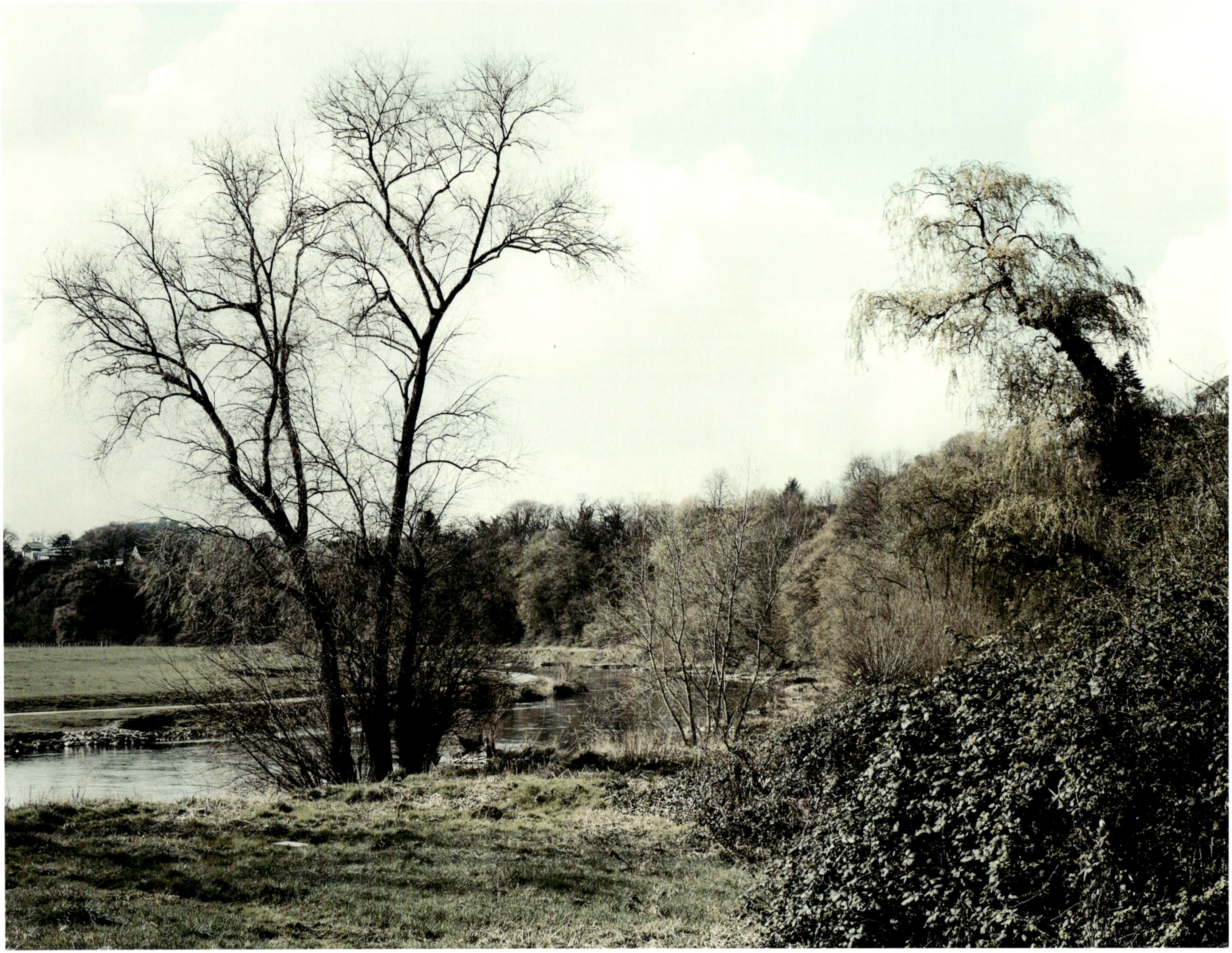

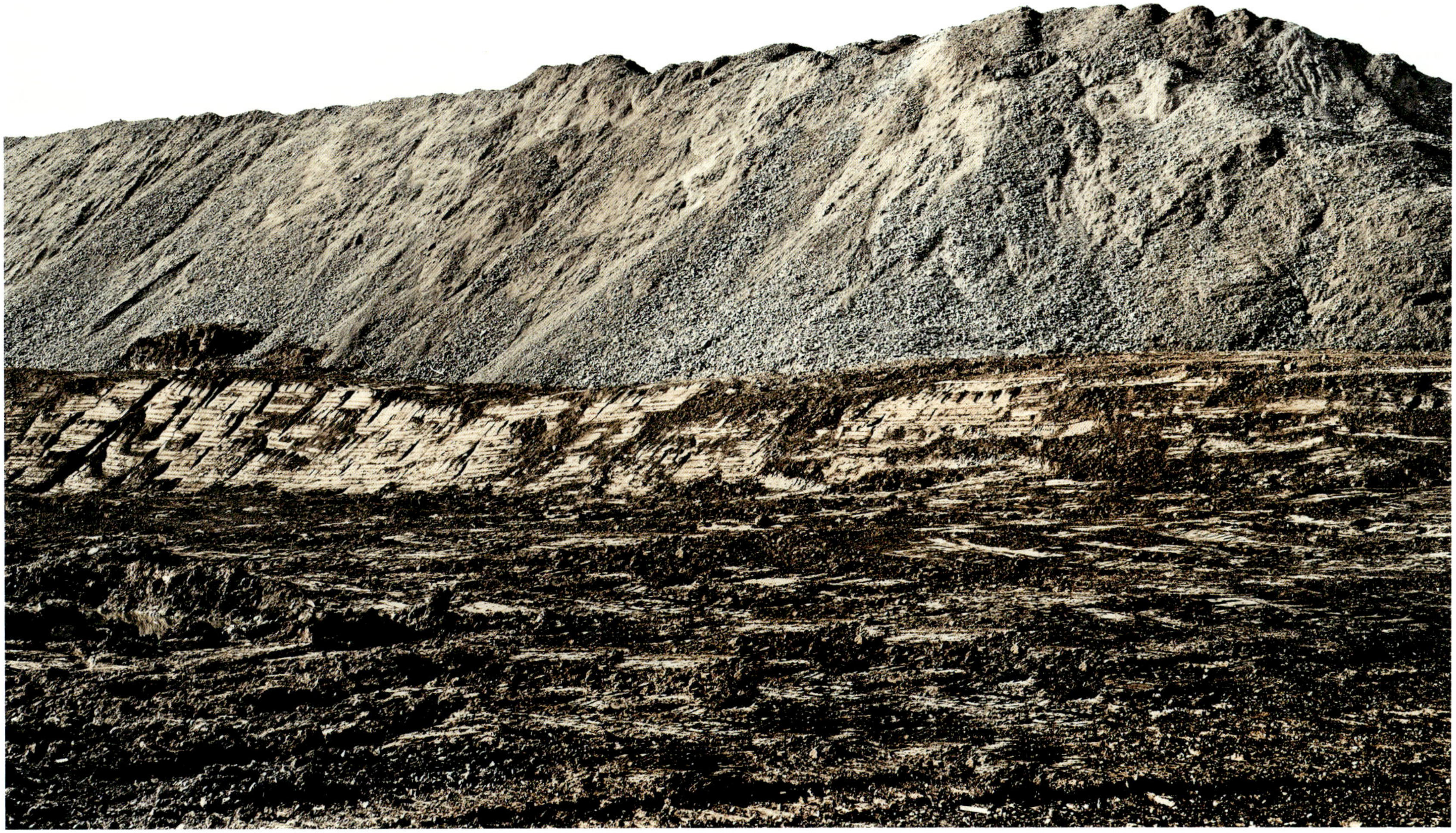

OPEL
LKW-
Spezialtransporter
in Wartezeit,
Motor abstellen!

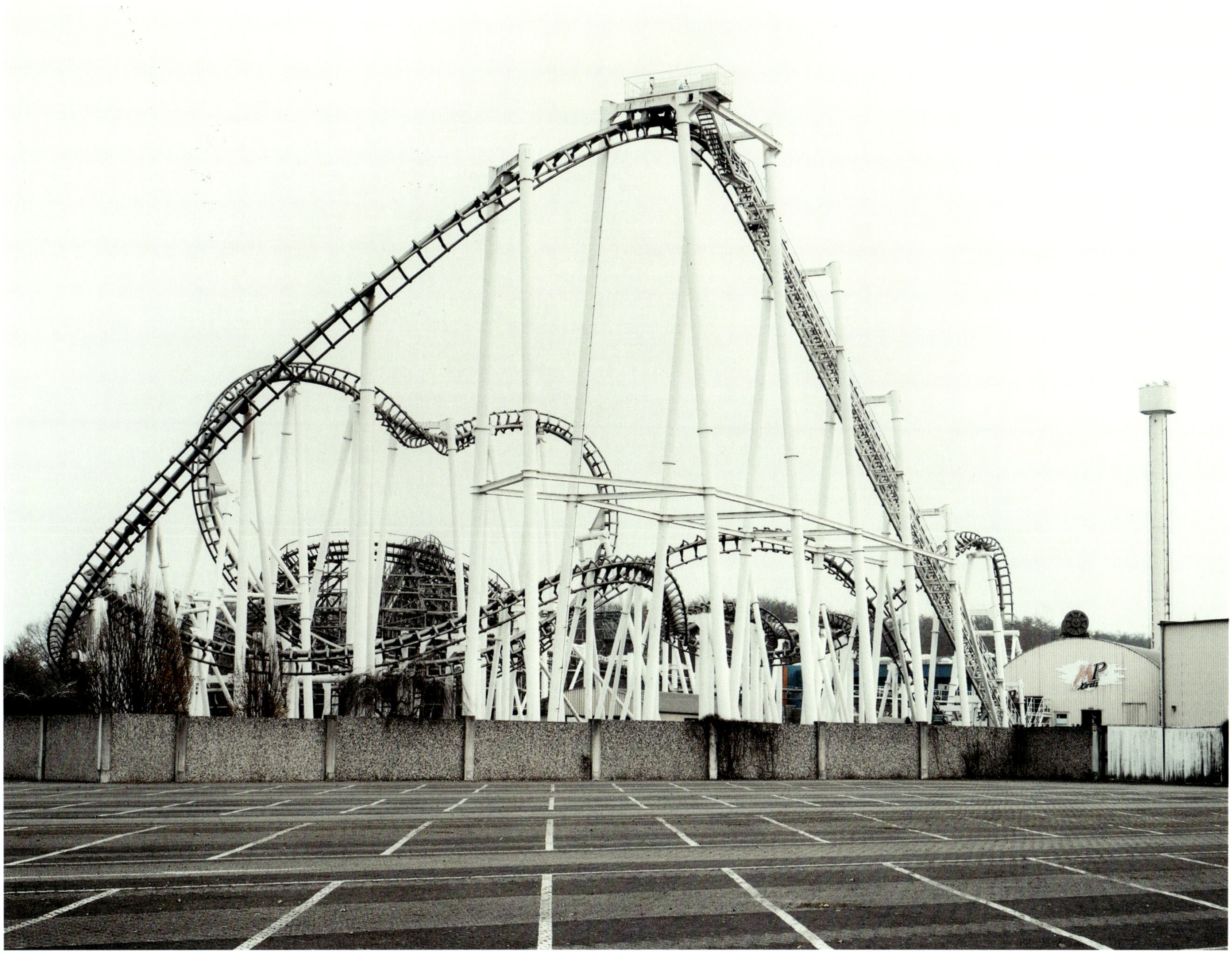

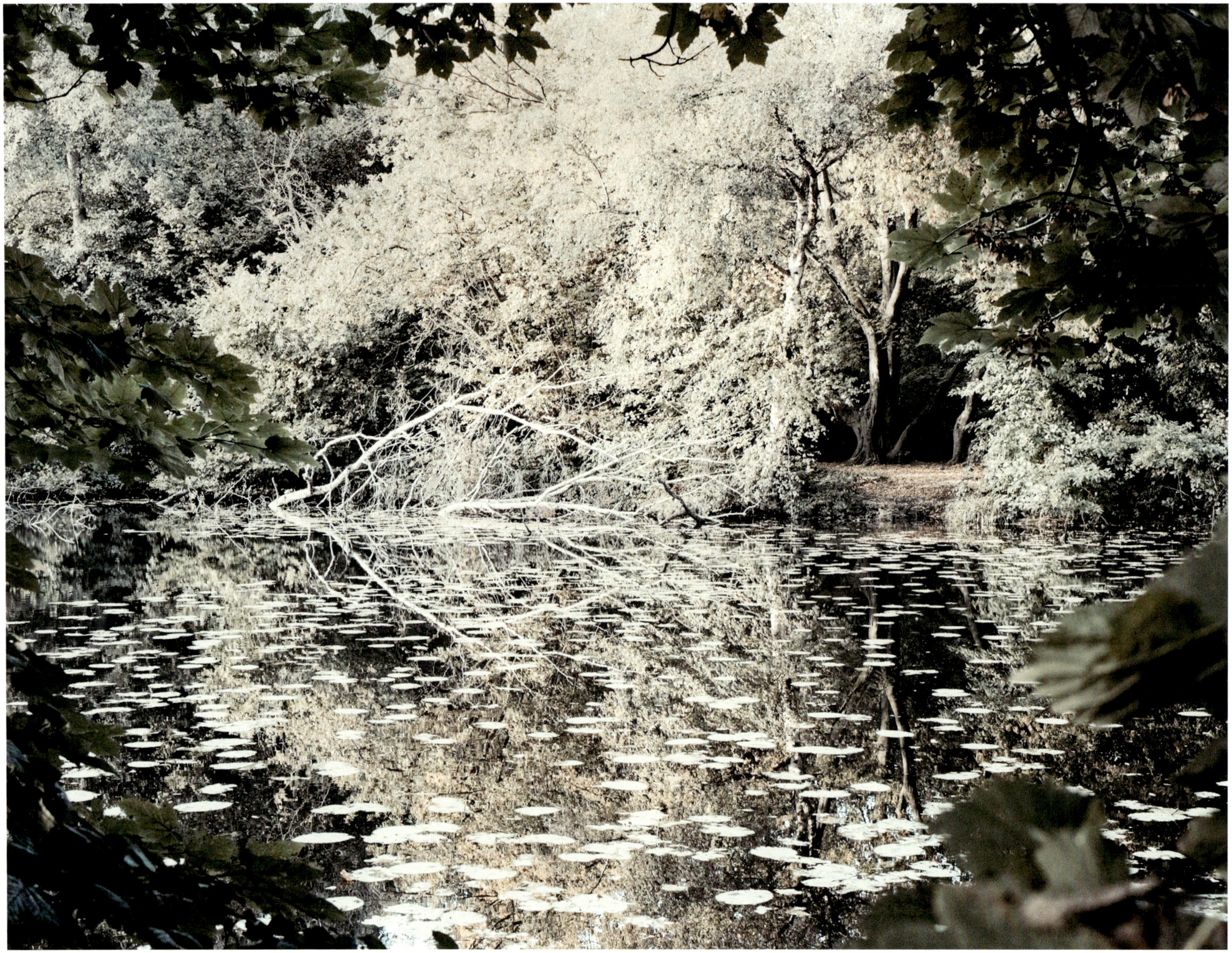

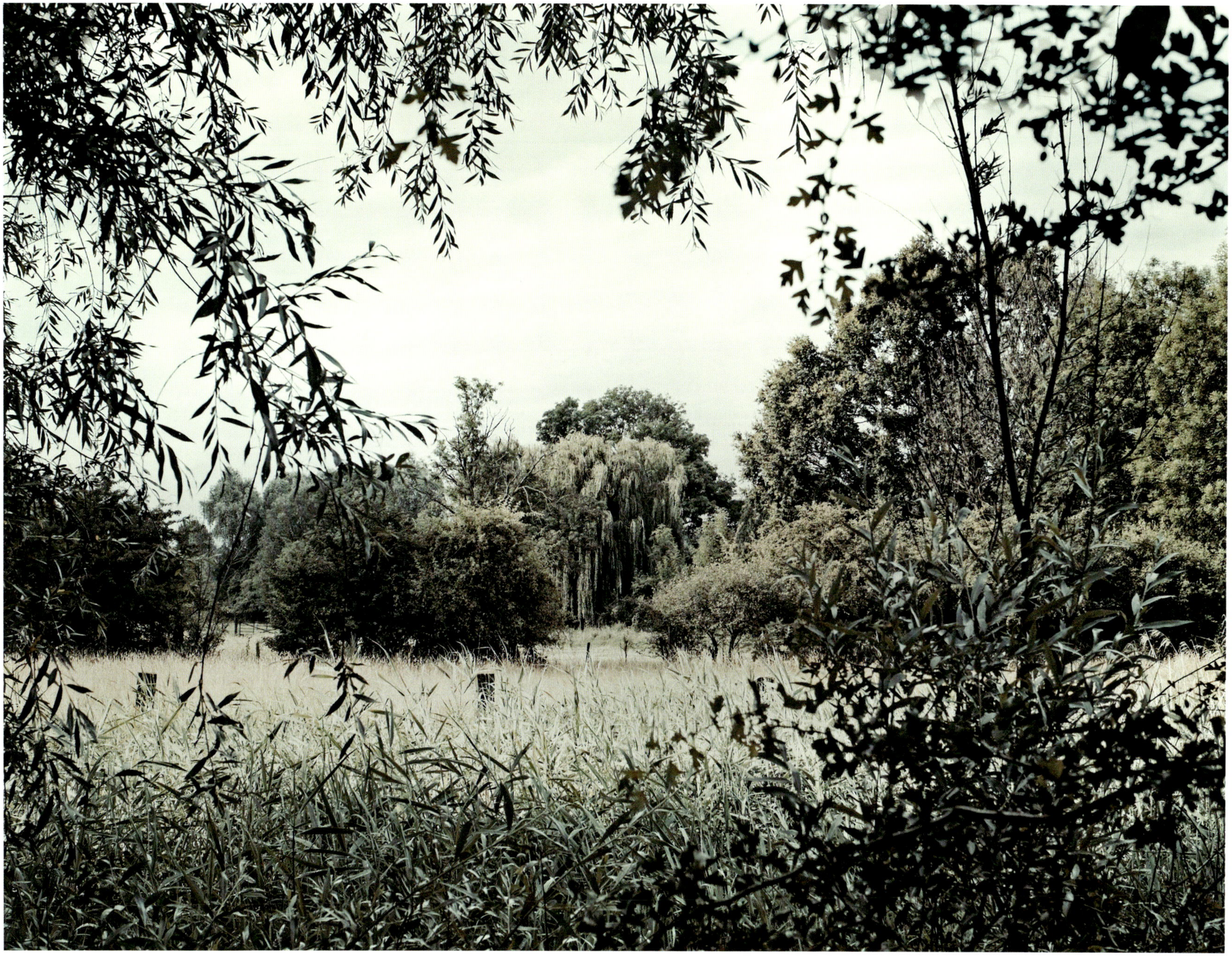

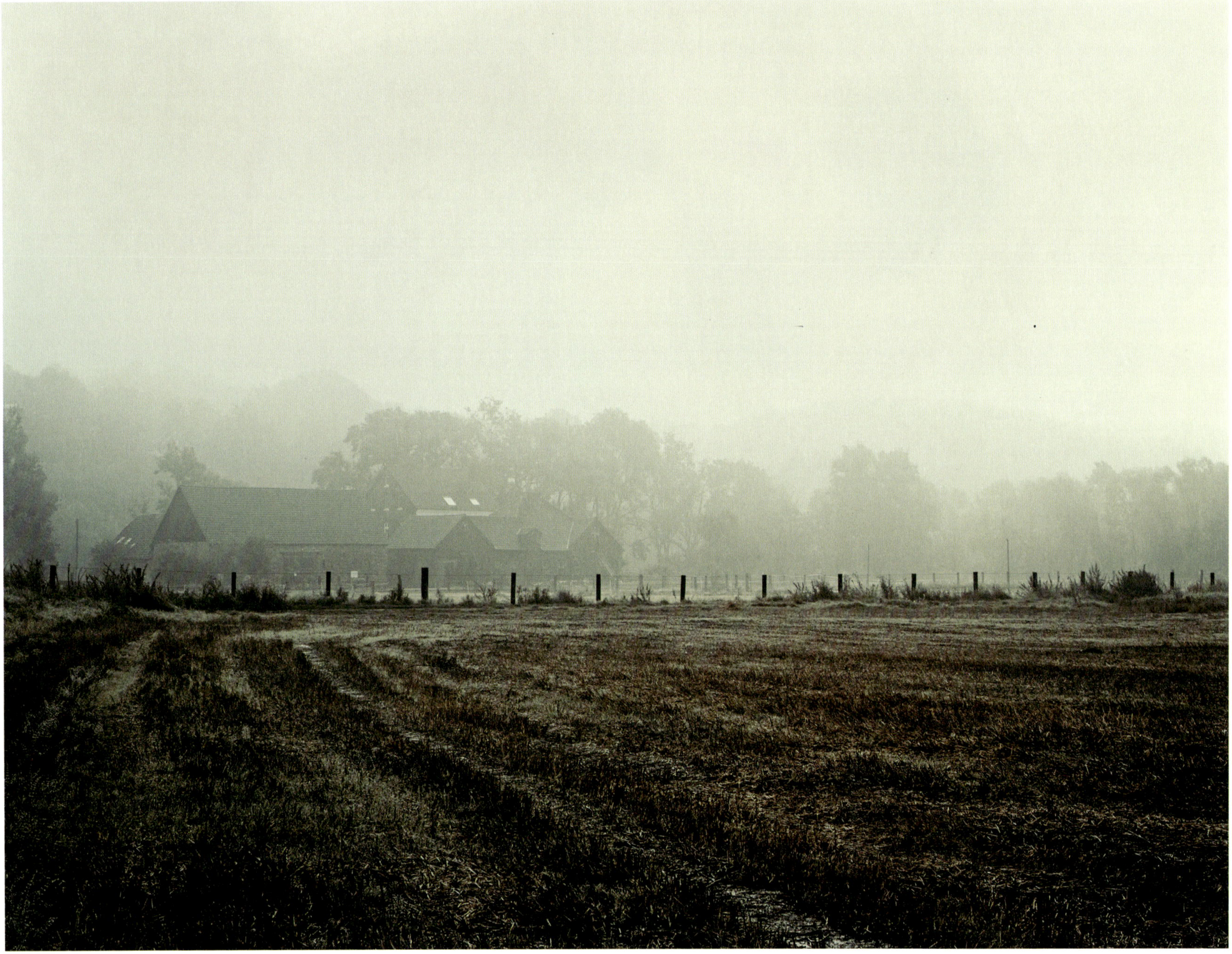

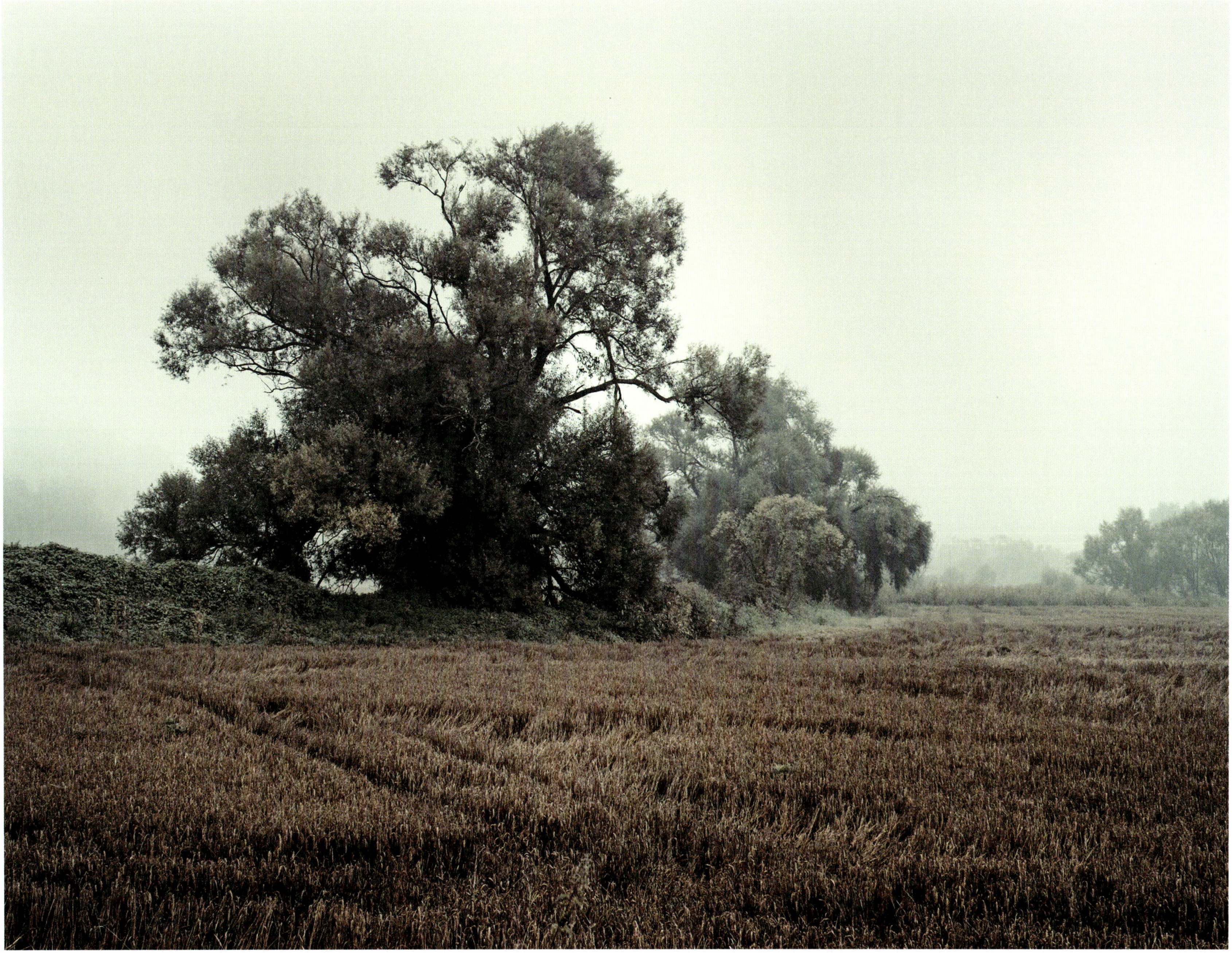

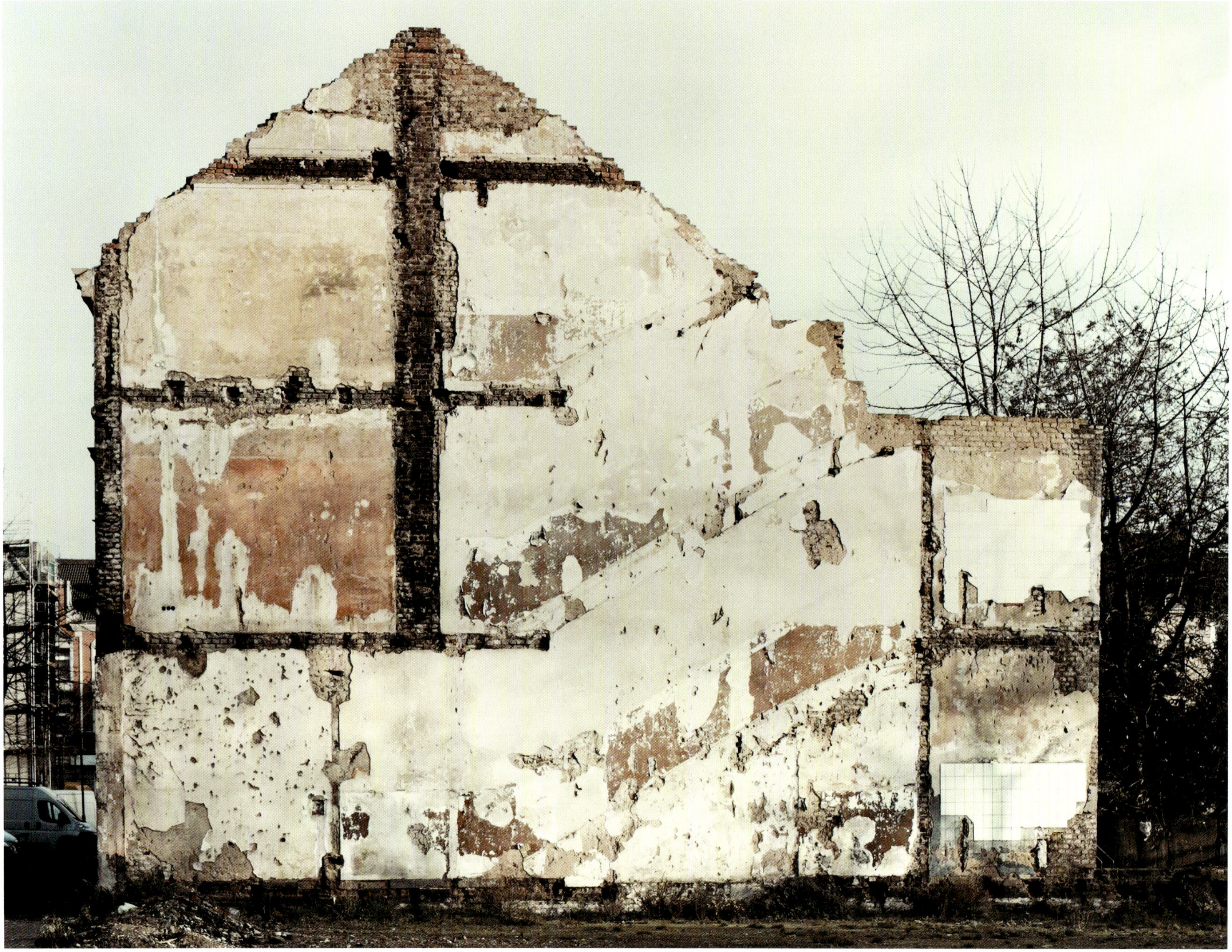

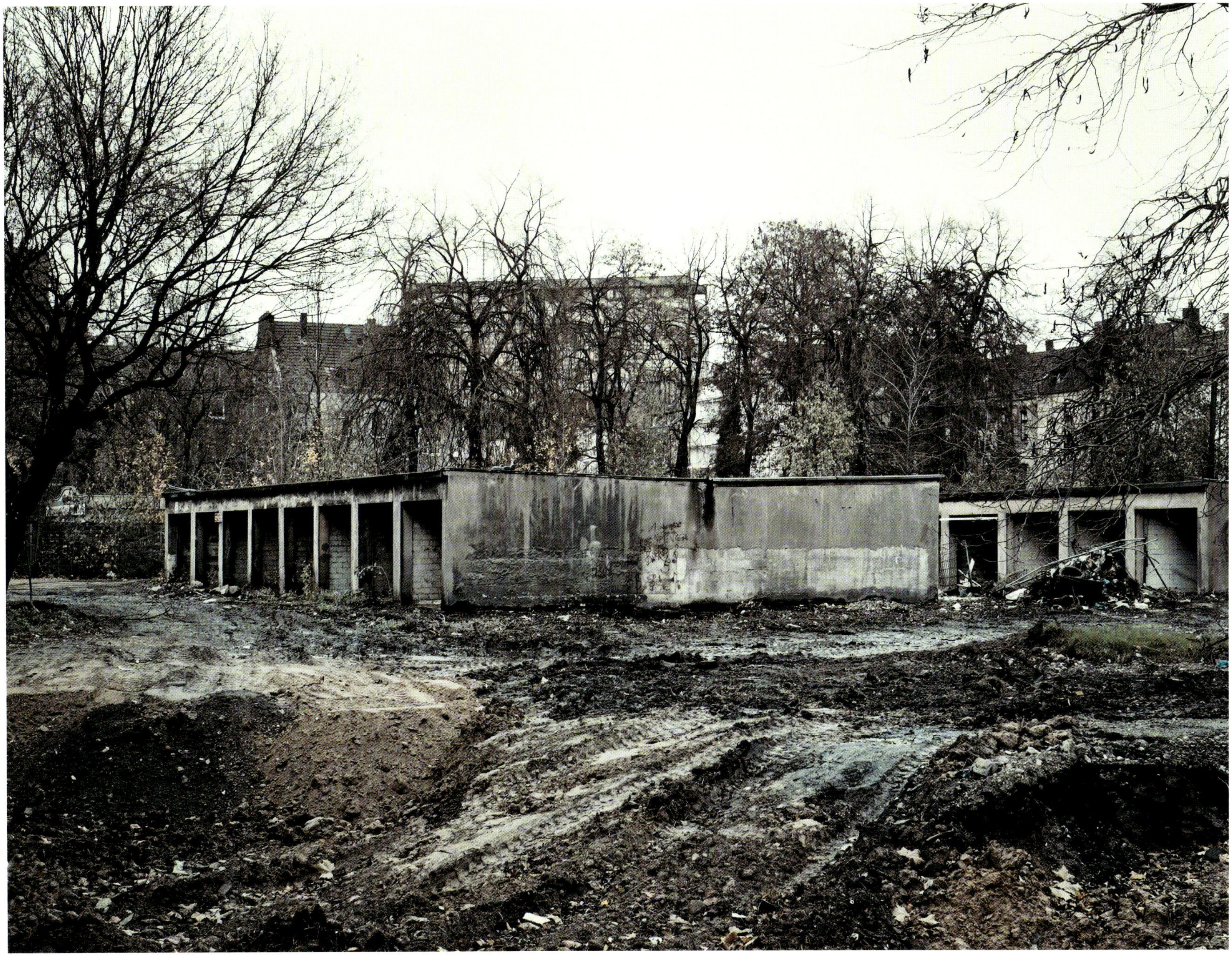

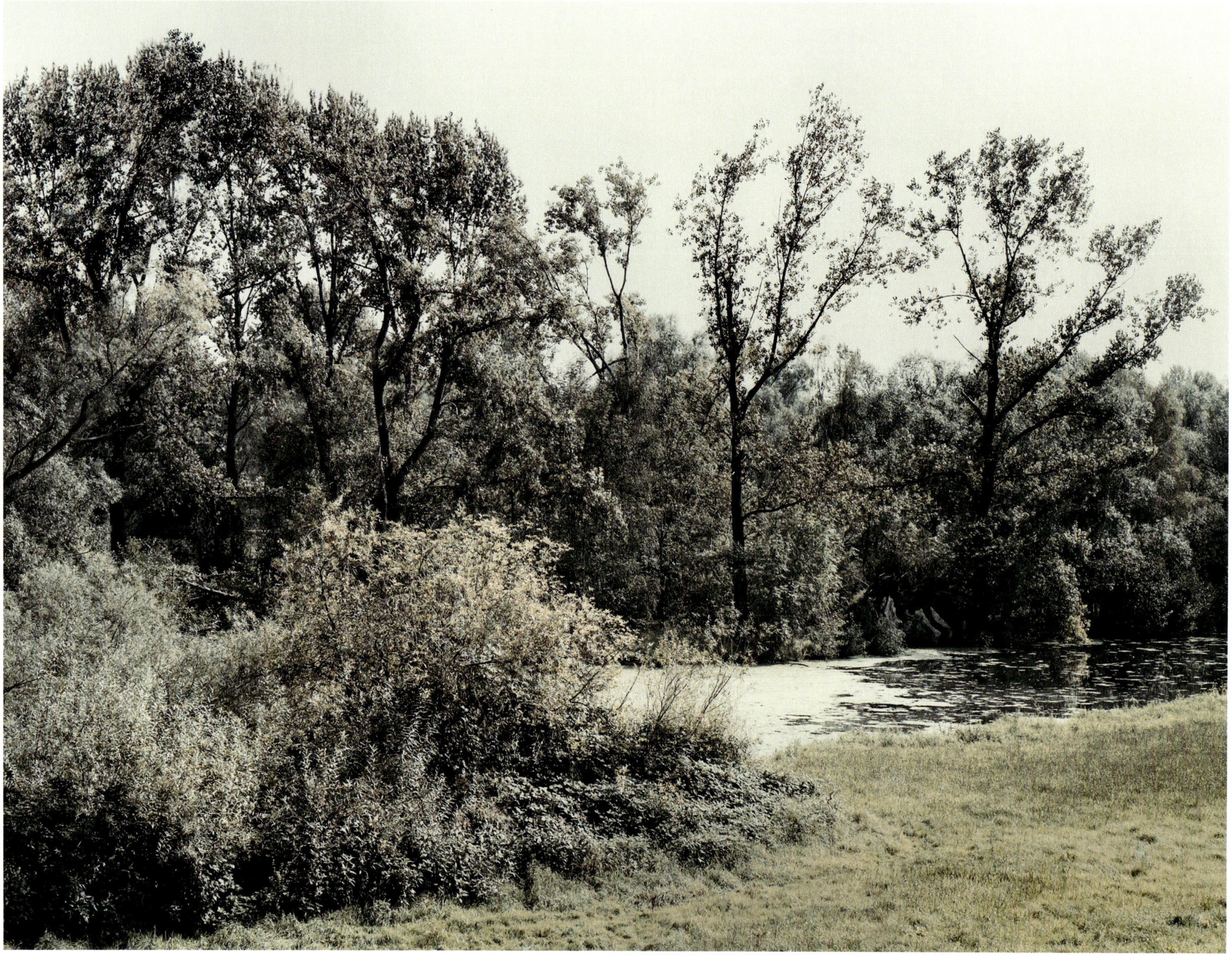

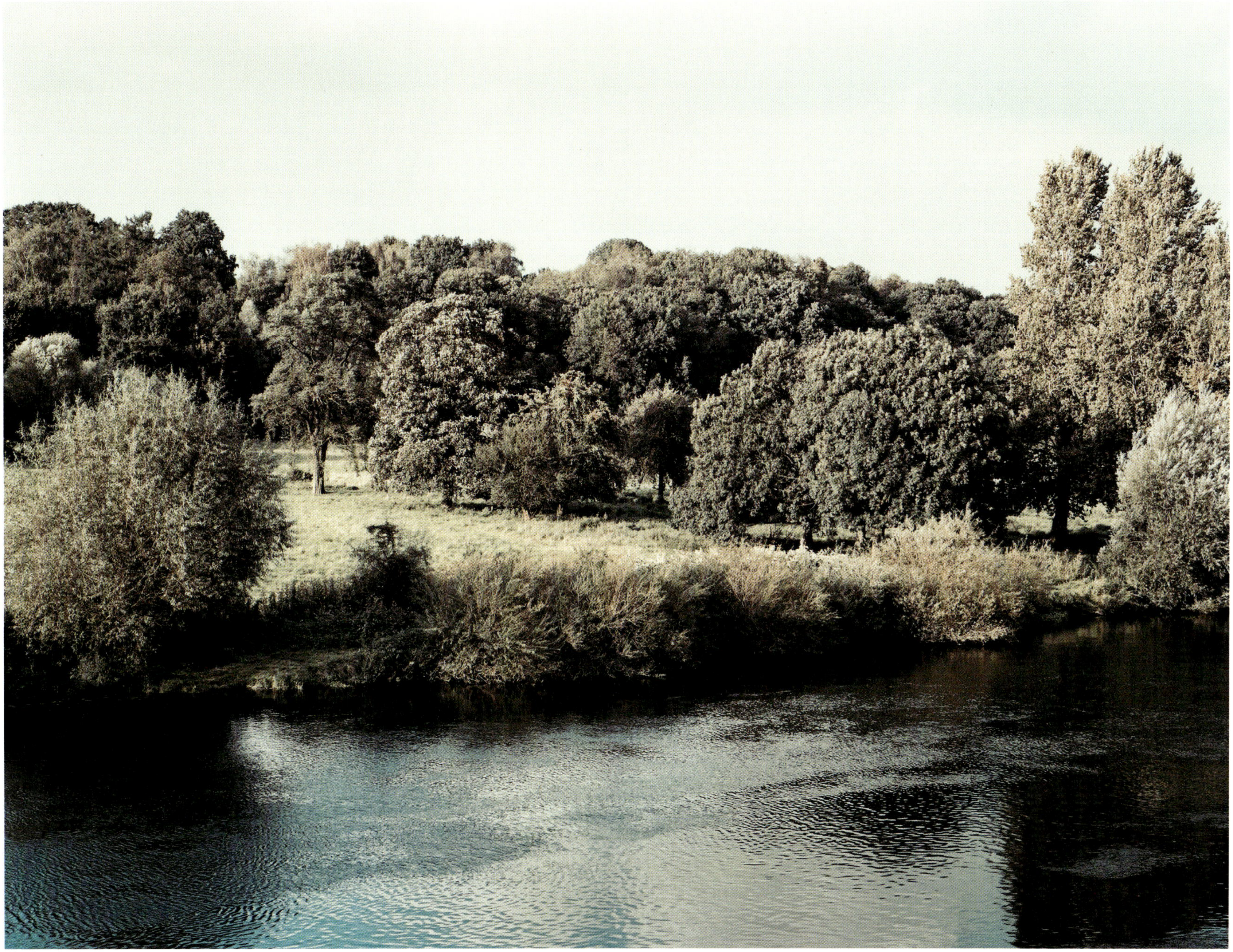

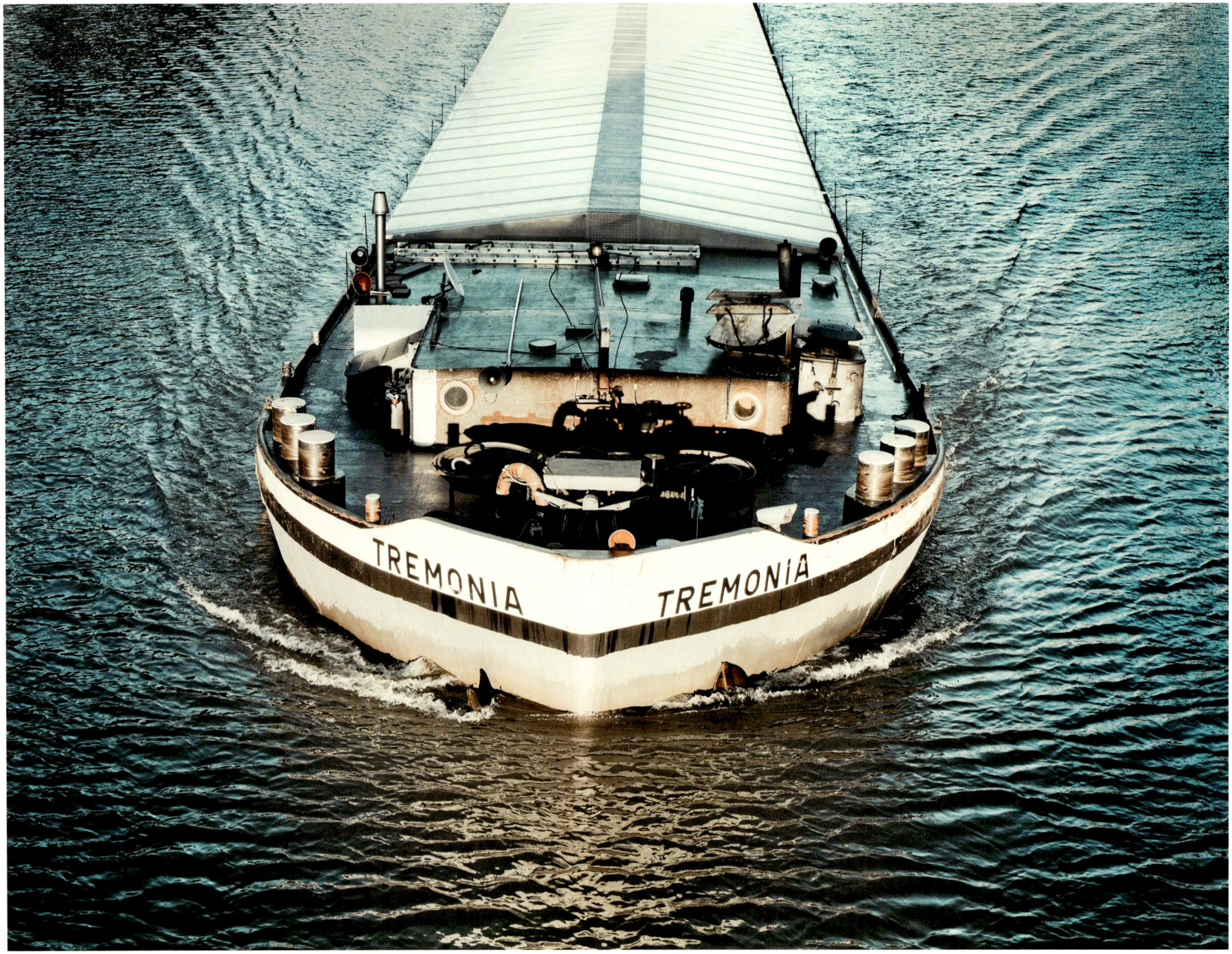
TREMONIA
TREMONIA

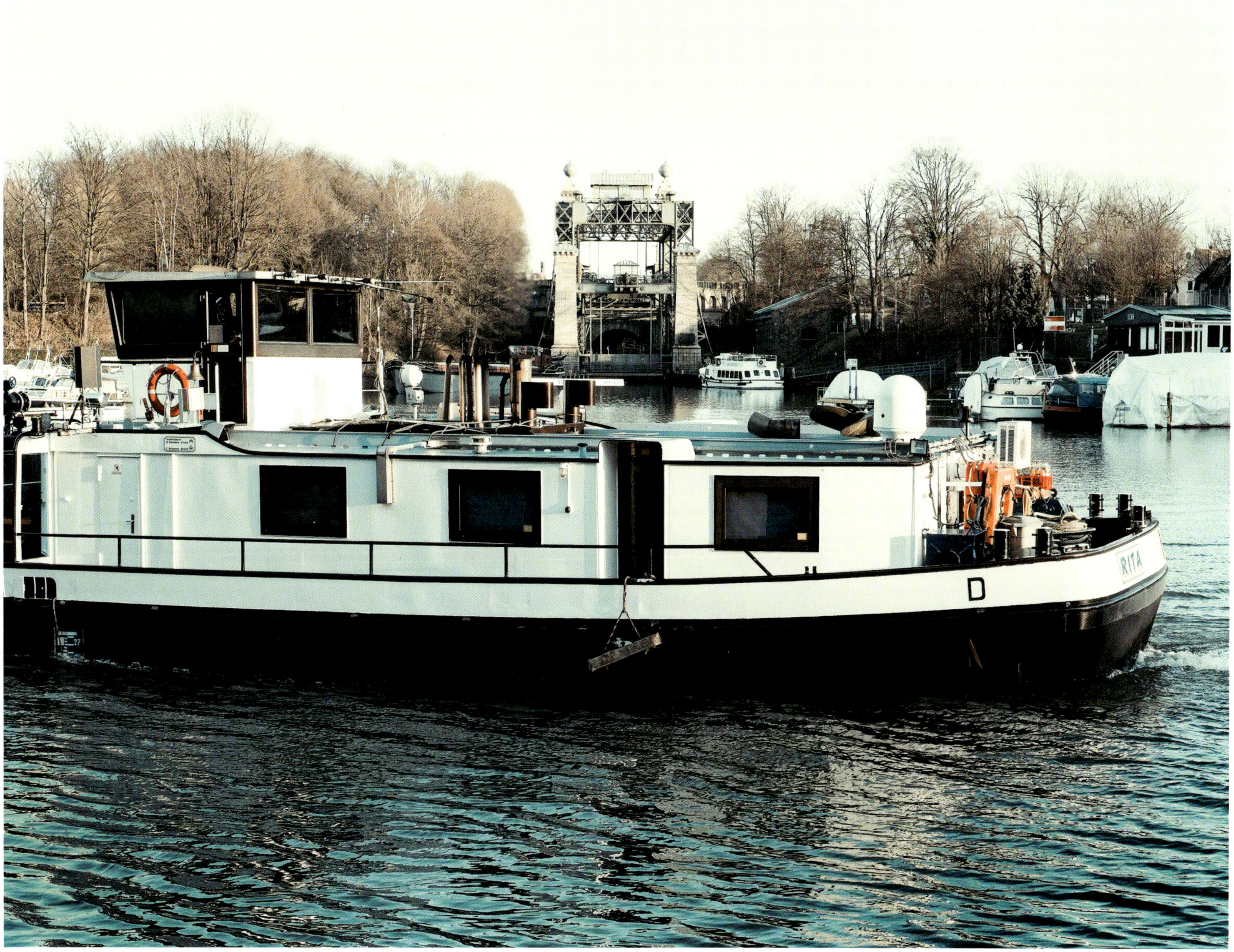
RITA
D

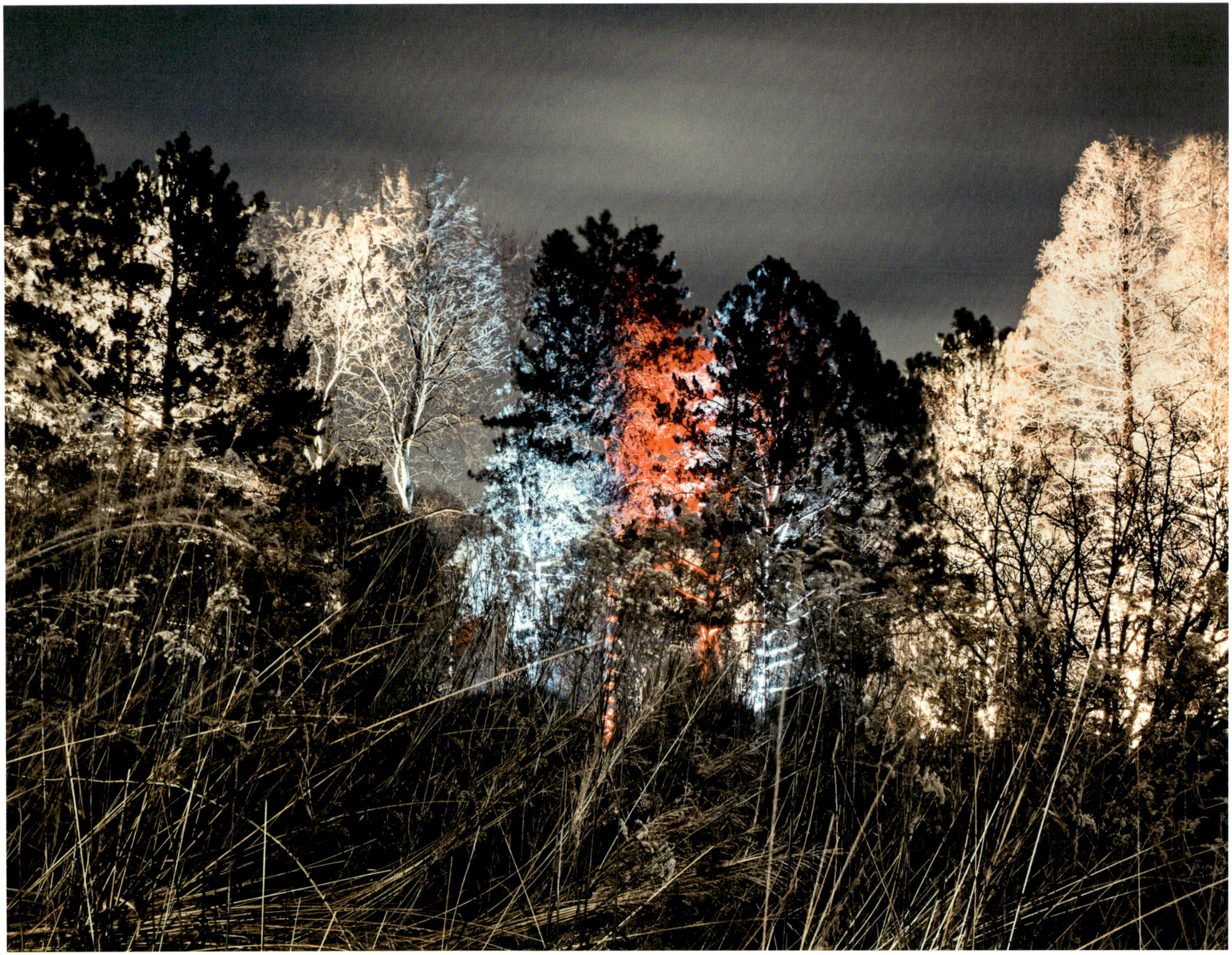

43

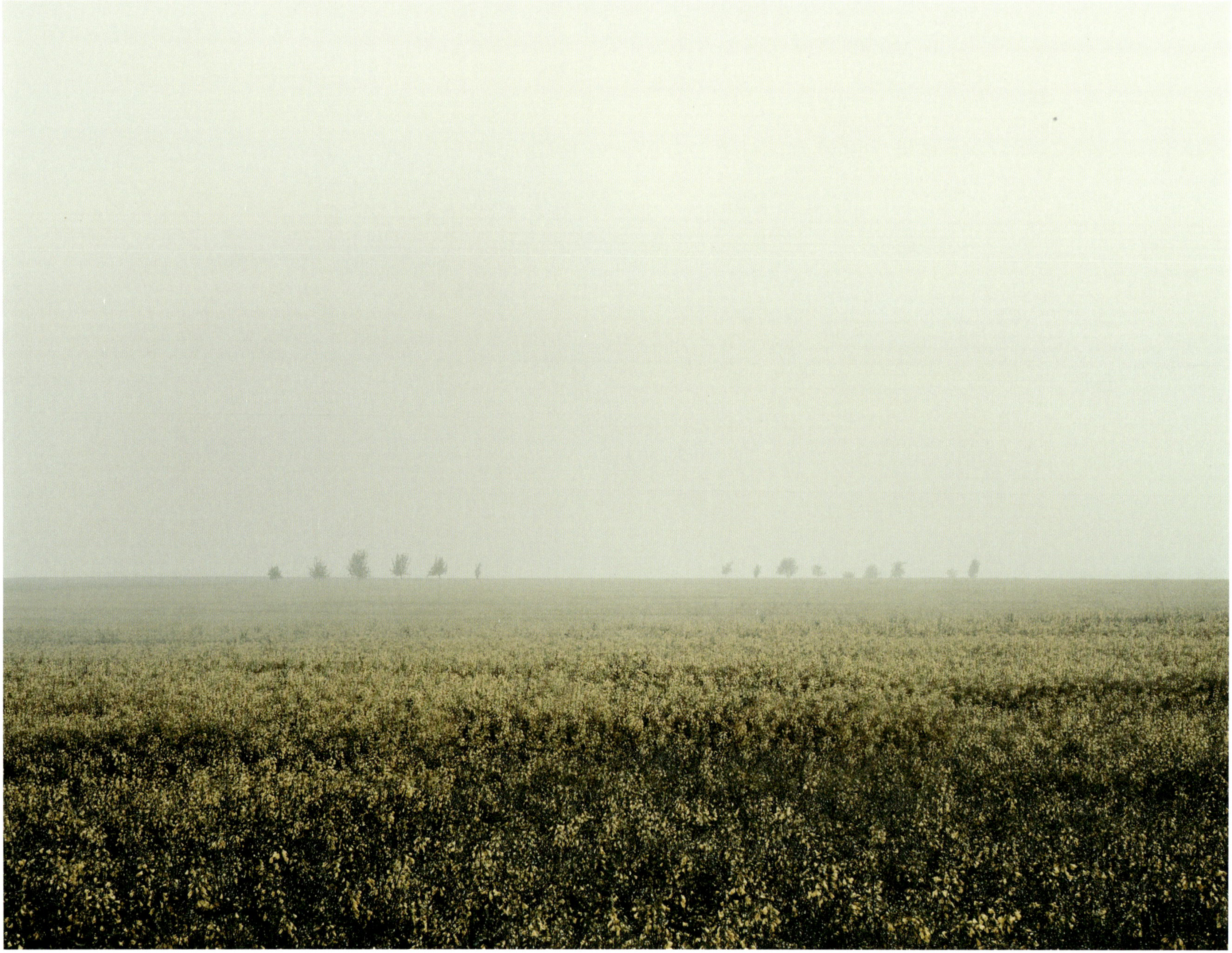

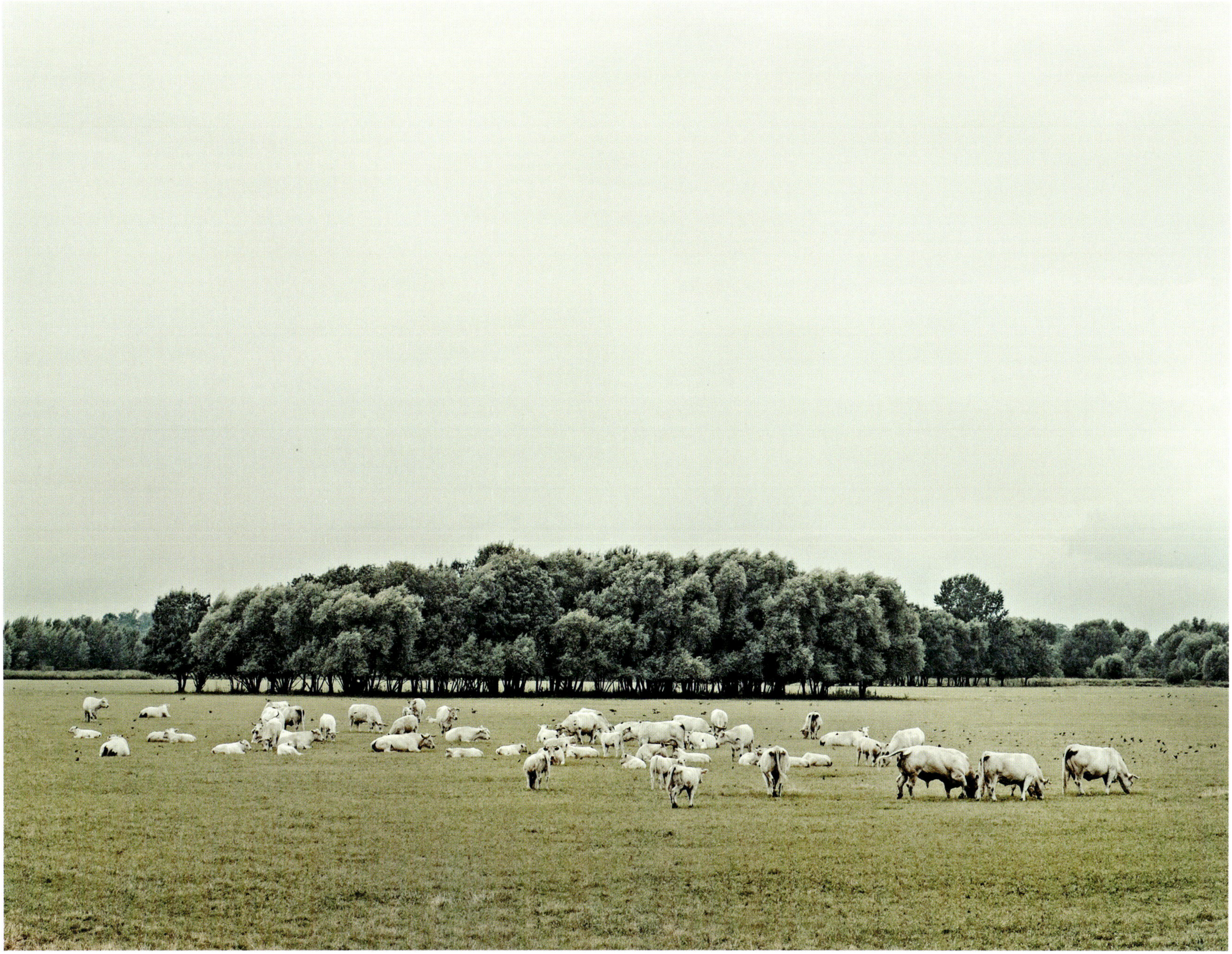

MAERSK
CRONOS
MAERSK
COSCO
MAERSK
EVERGREEN
HYUN
tex
P&O Nedlloyd
www.ponl.com
UES
Touax
HYUNDAI
tex
tex
P&O Nedlloyd
www.ponl.com
MAER
SEALA

47

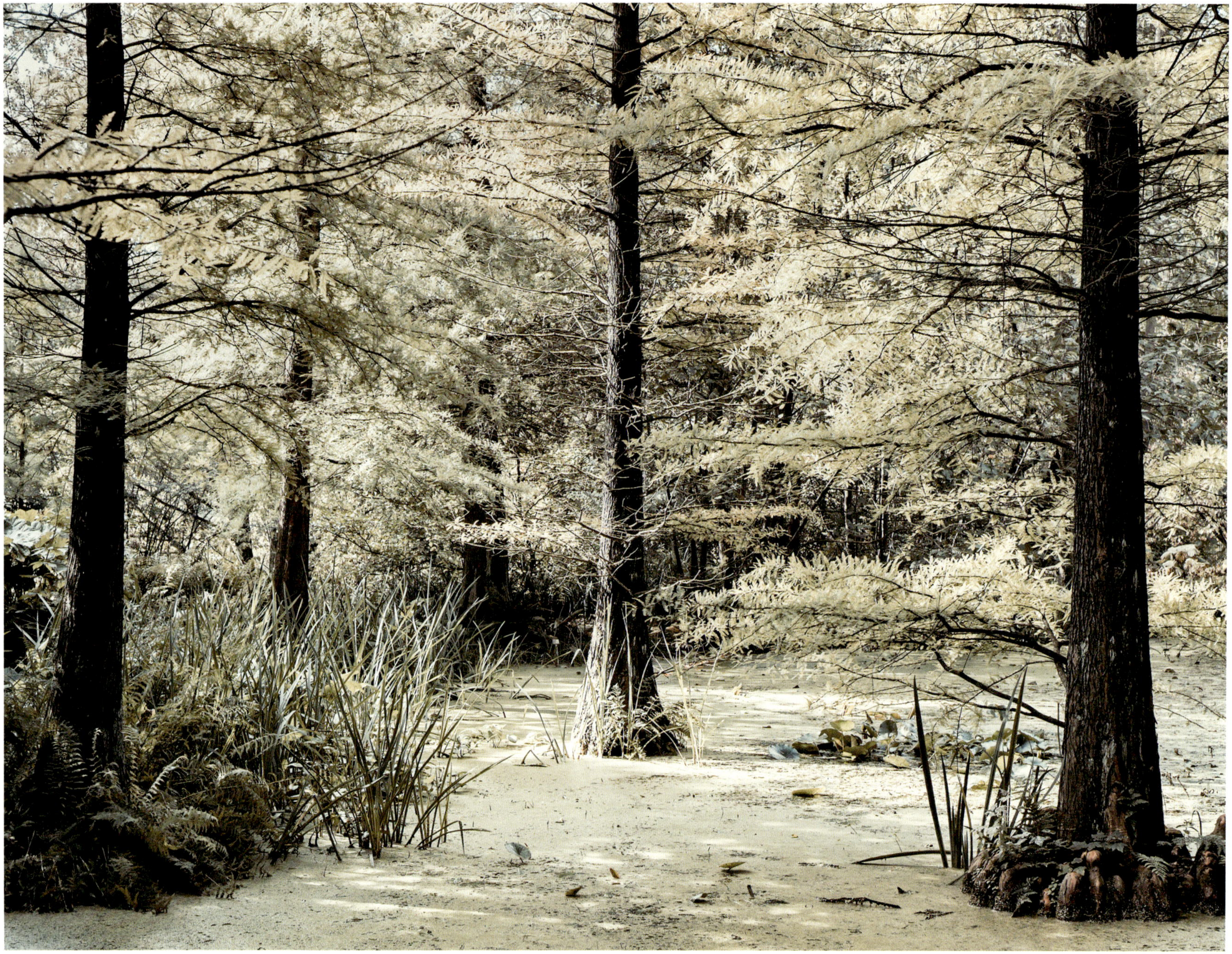

49

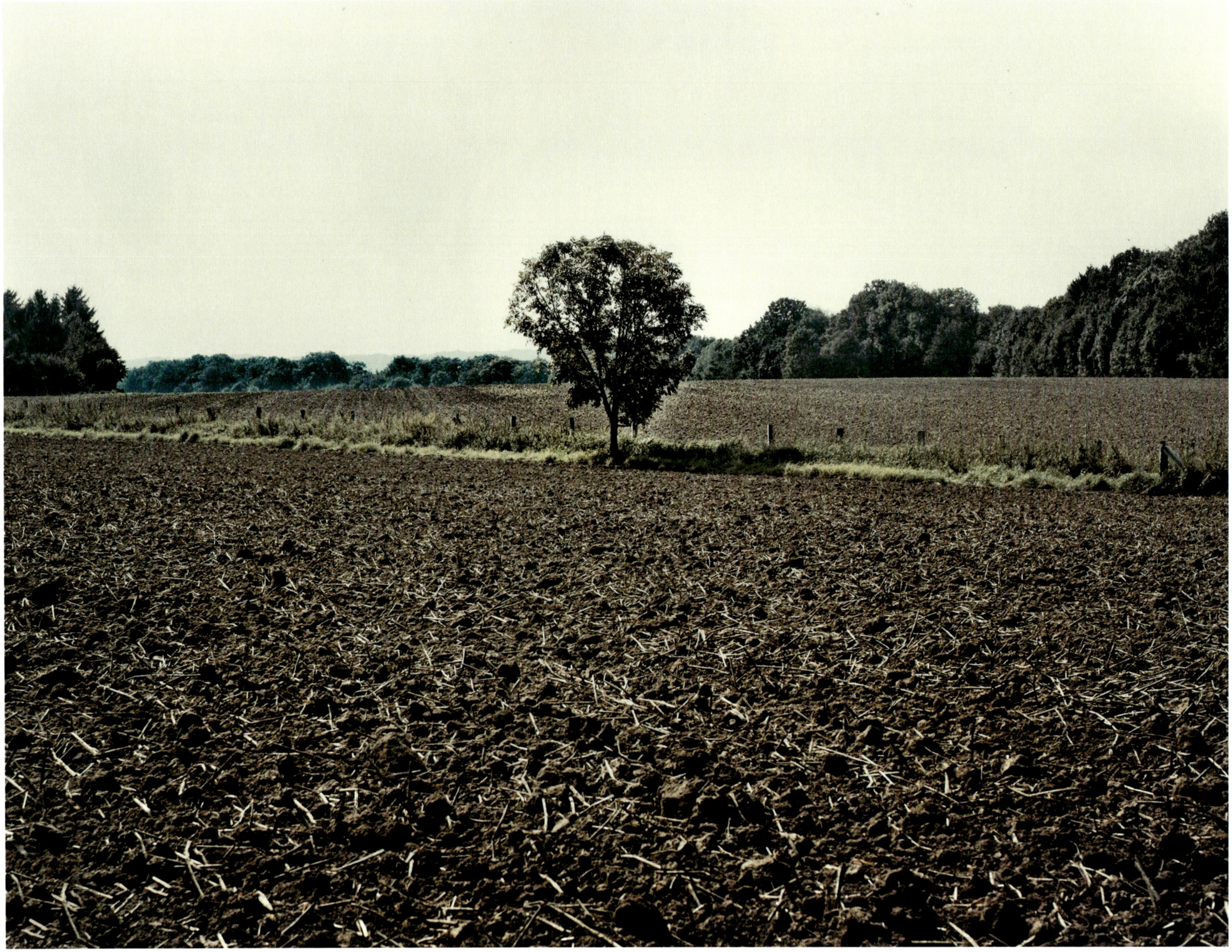

51

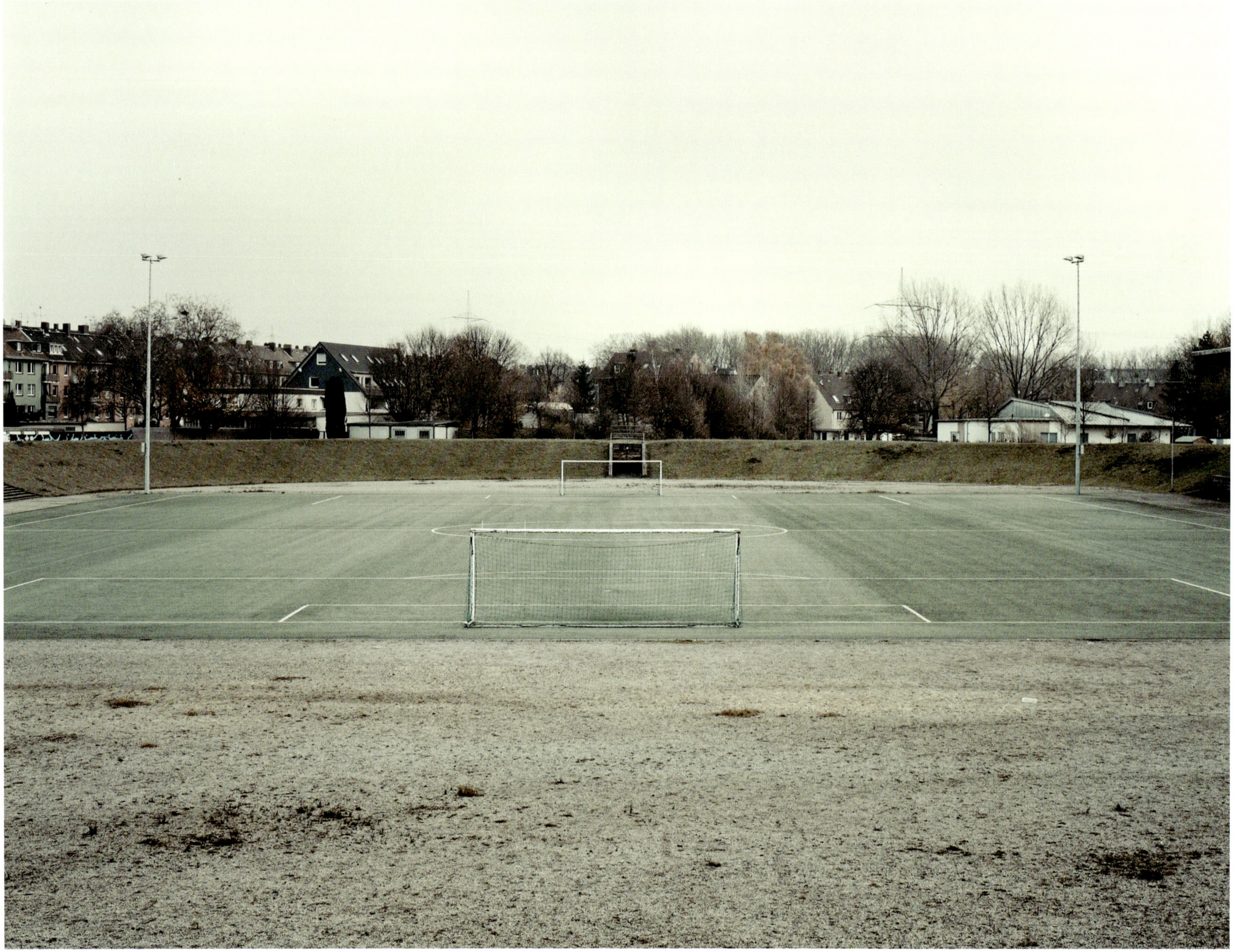

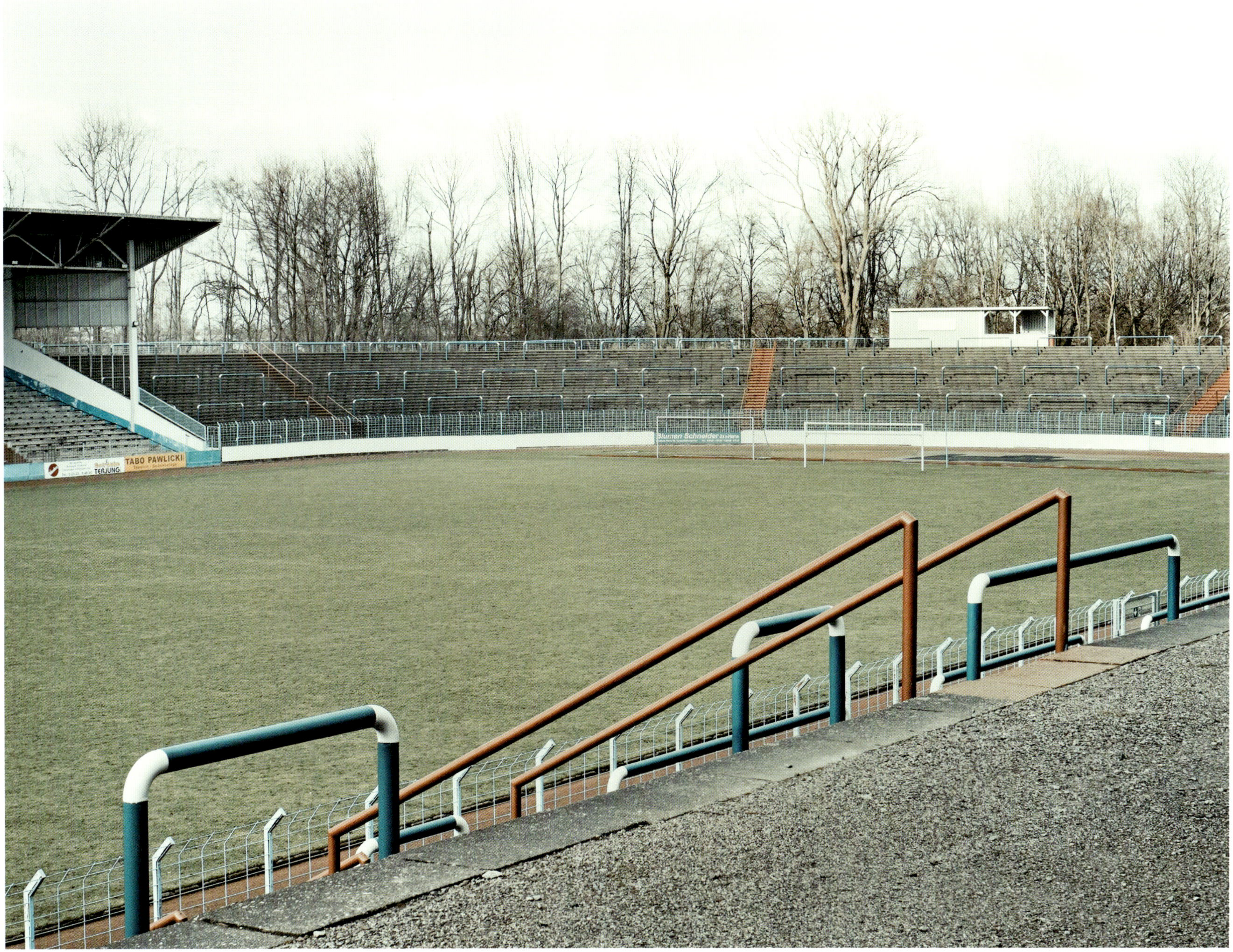
TERJUNG
TABO PAWLICKI
Blumen Schneider

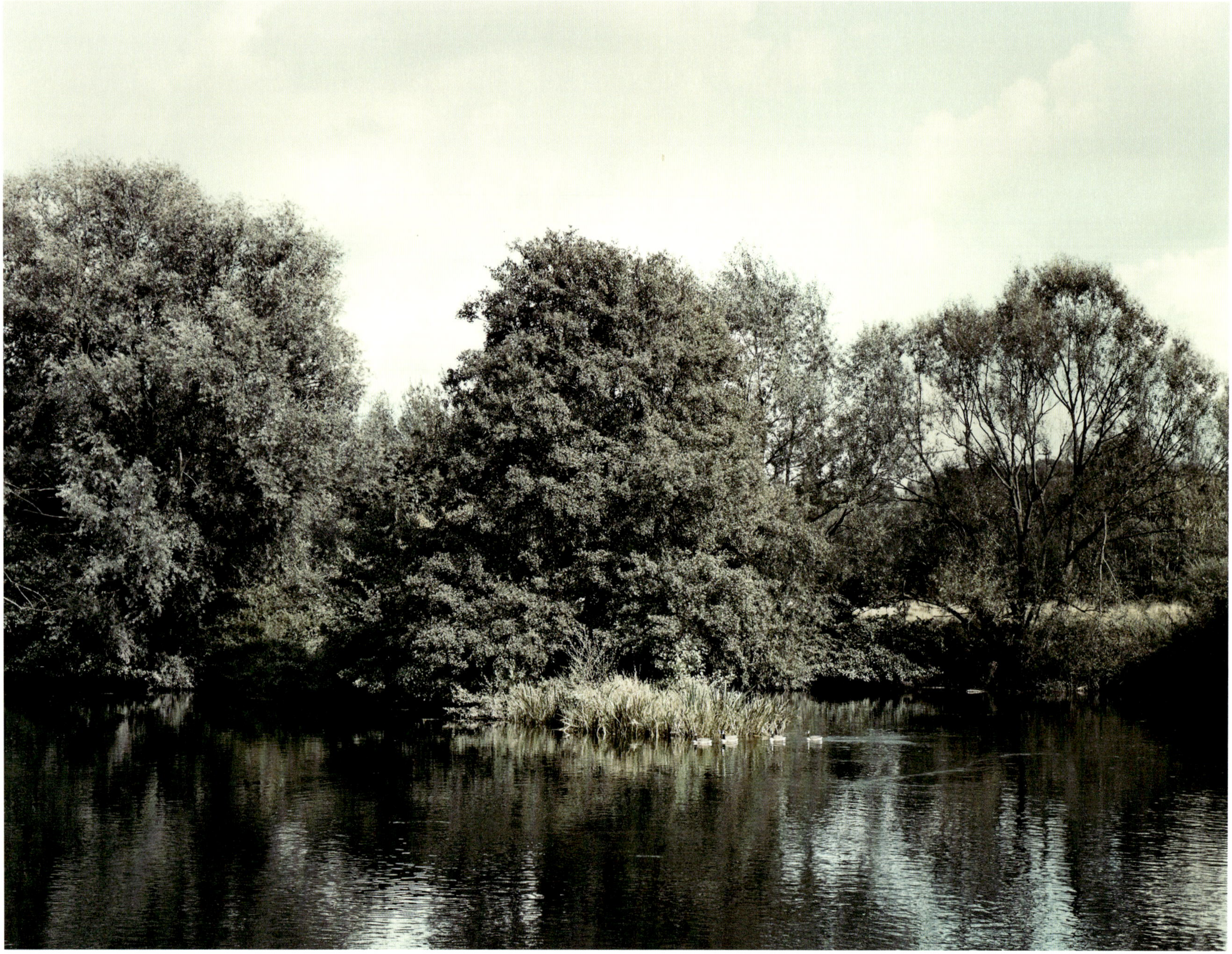

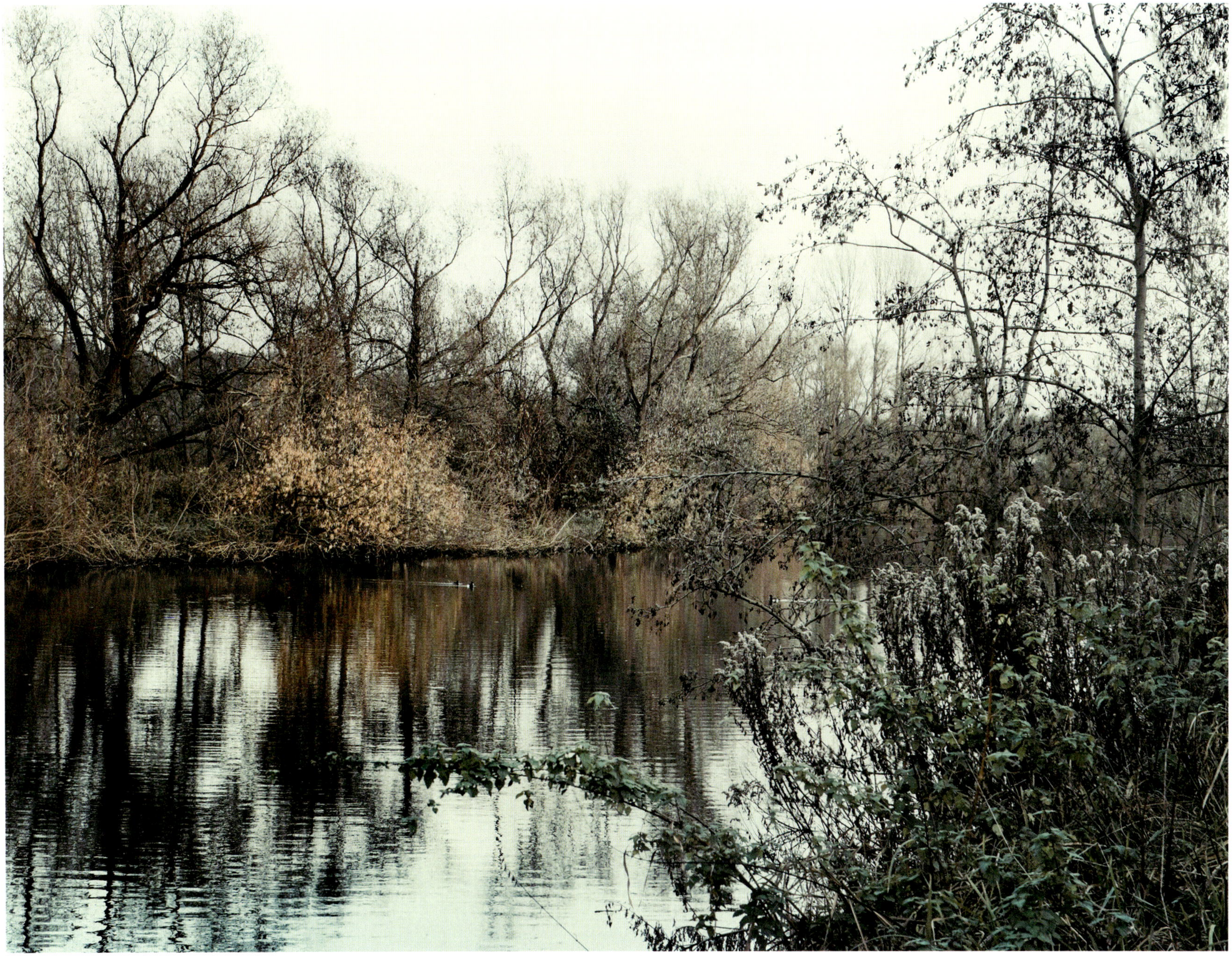

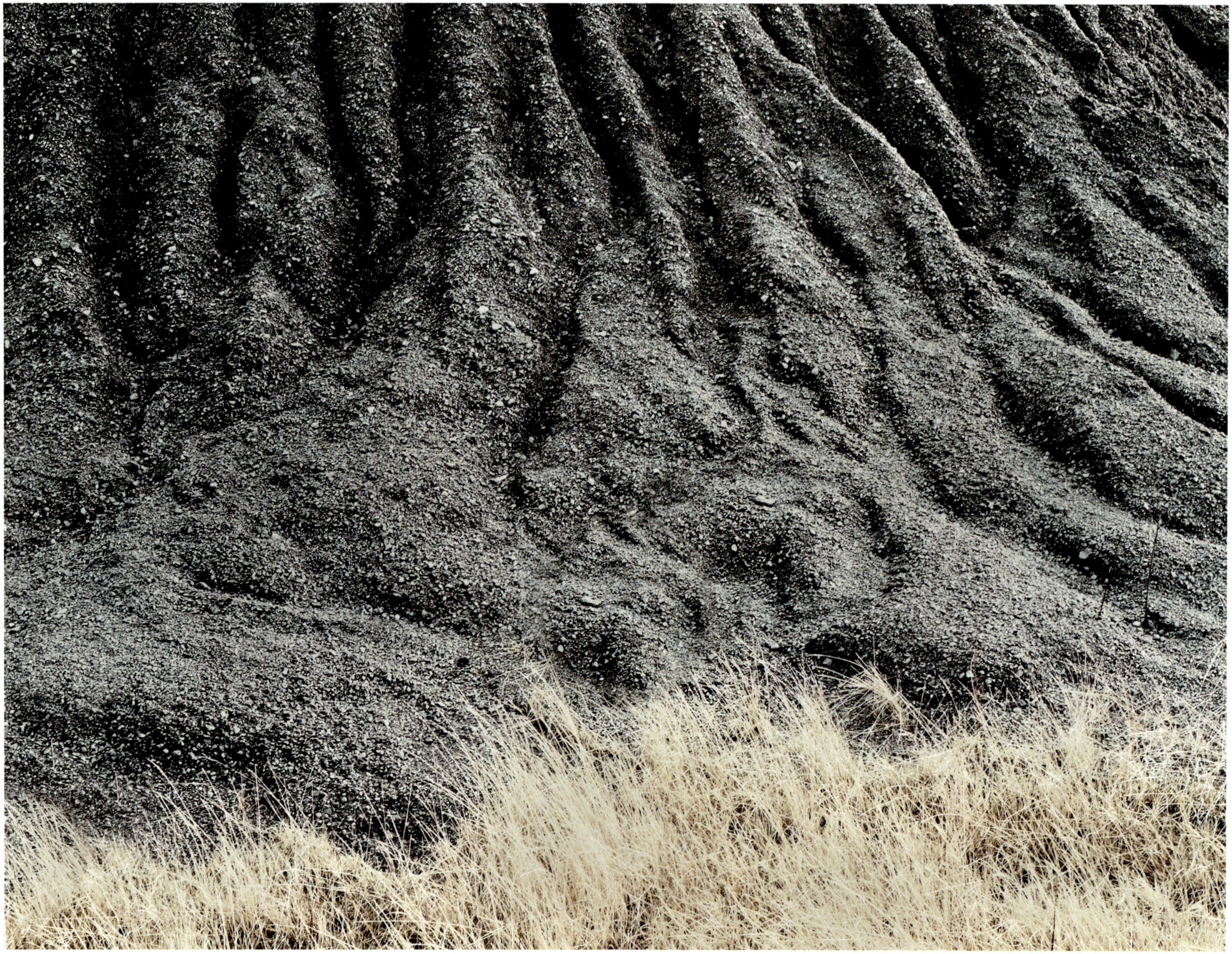

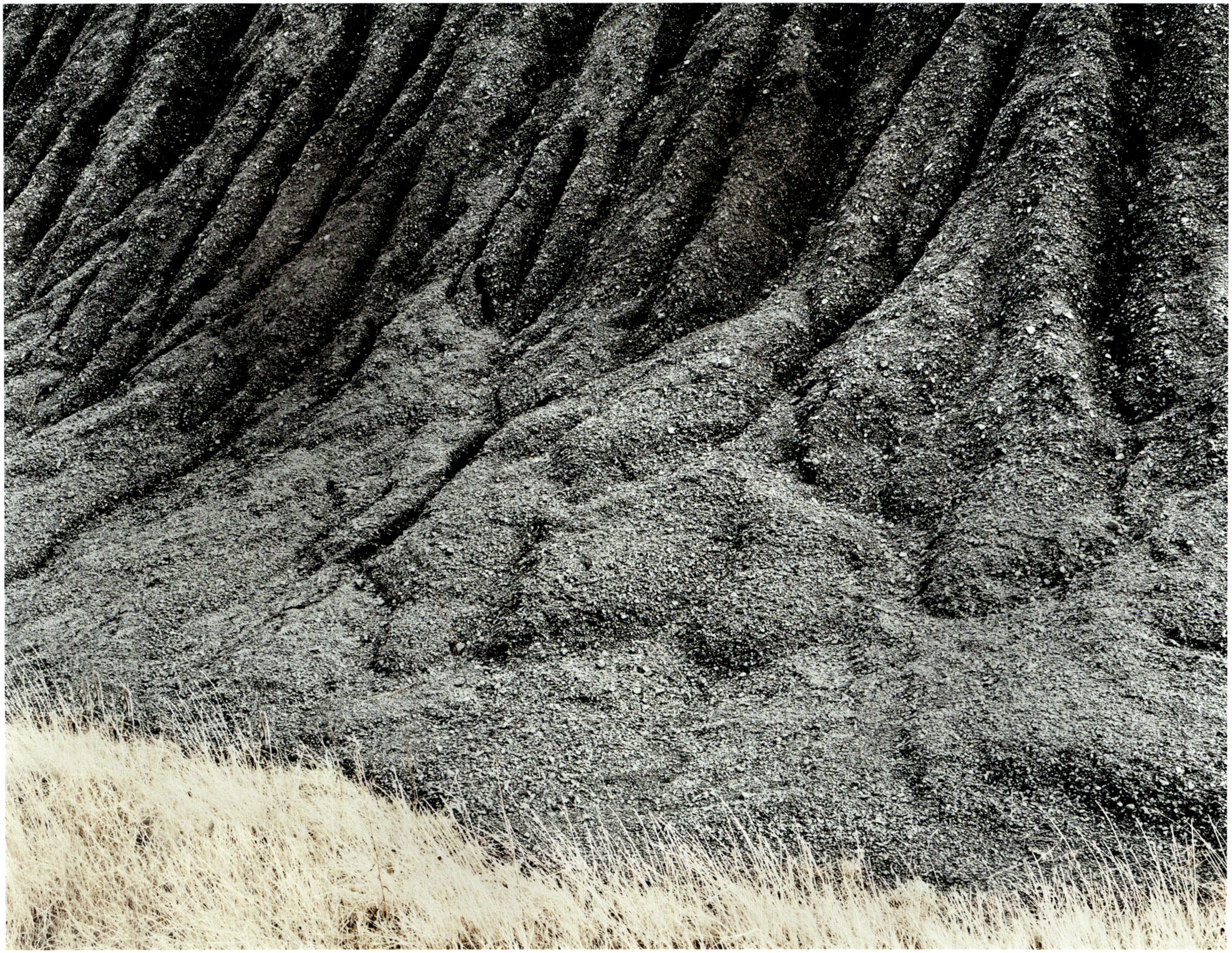

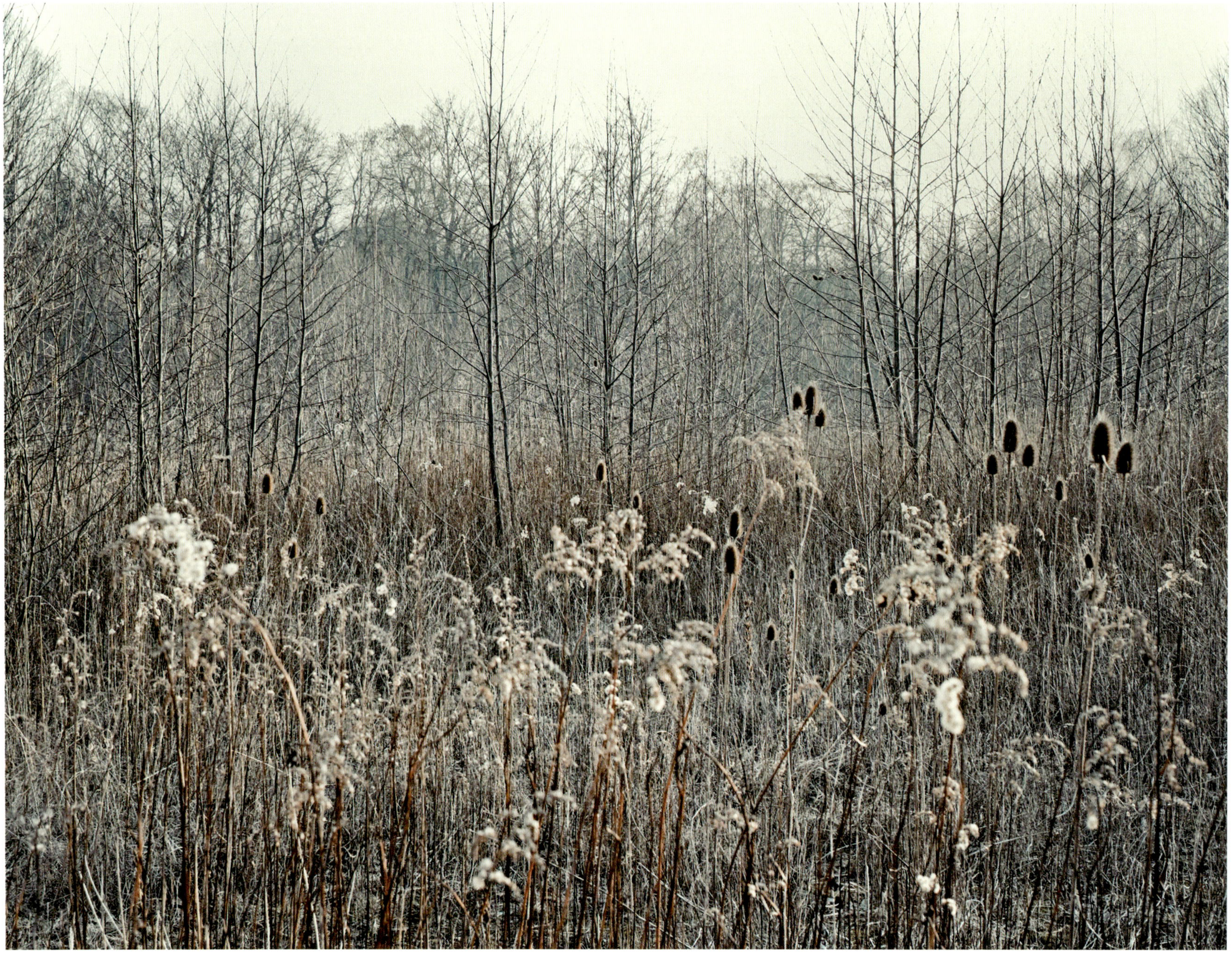

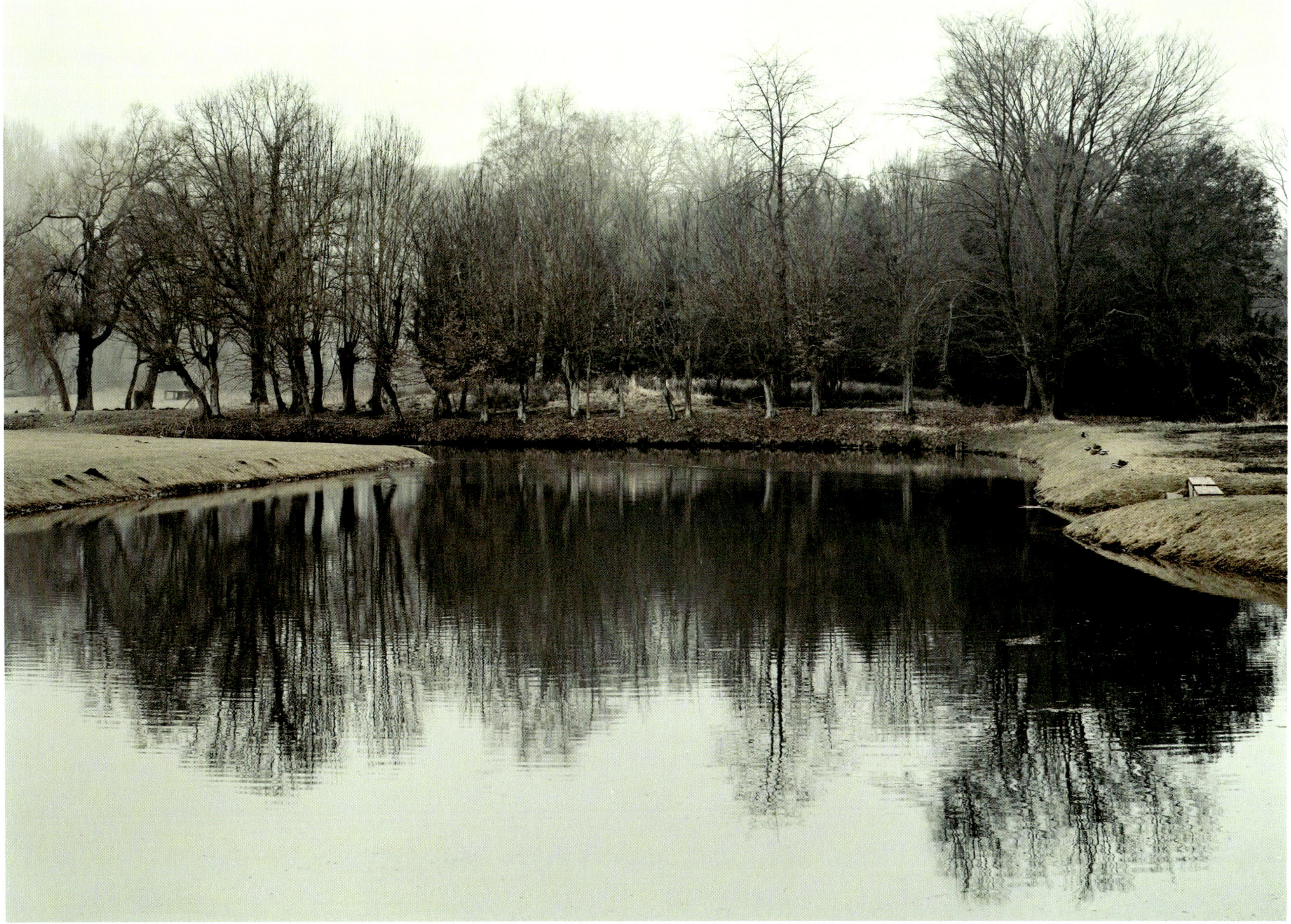

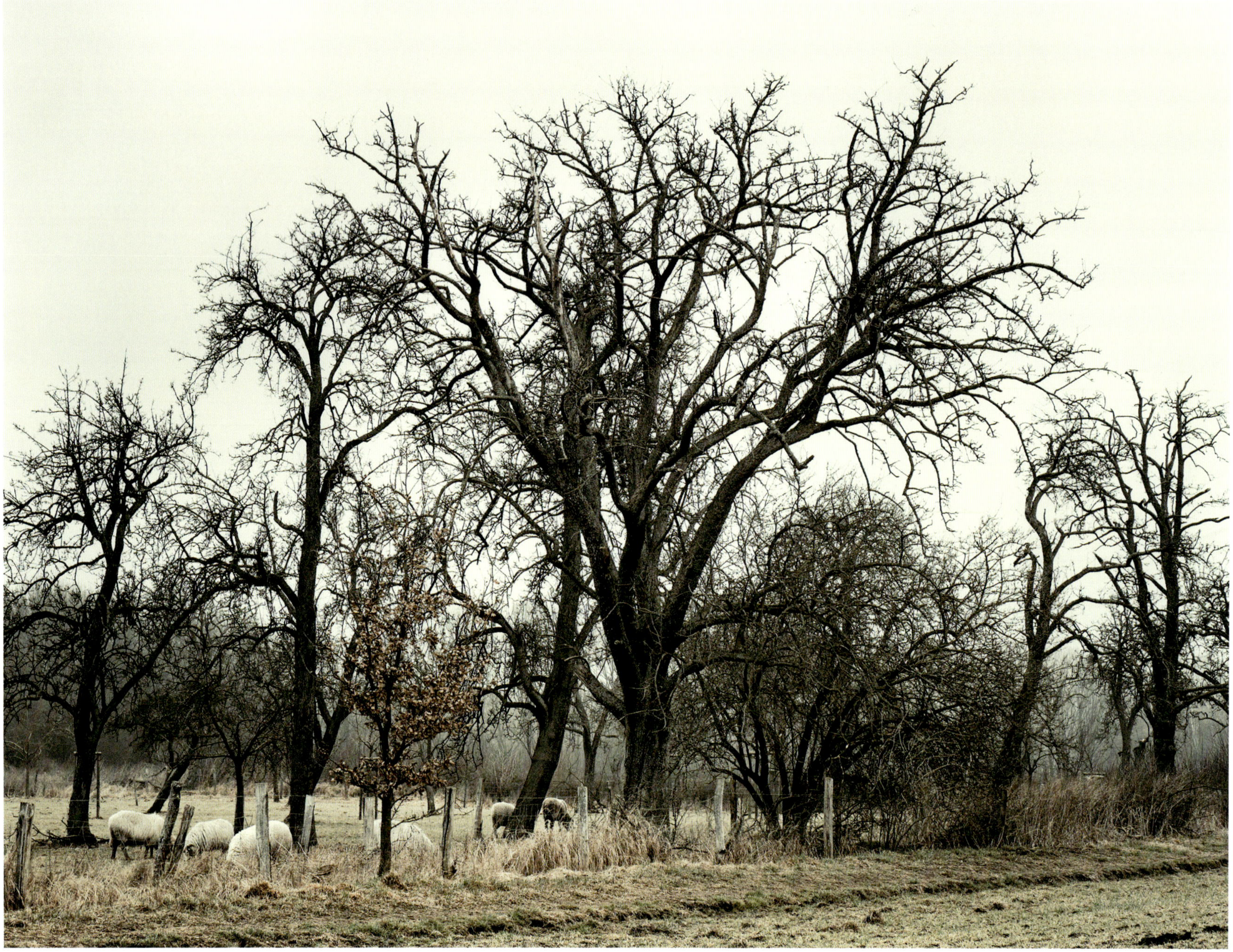

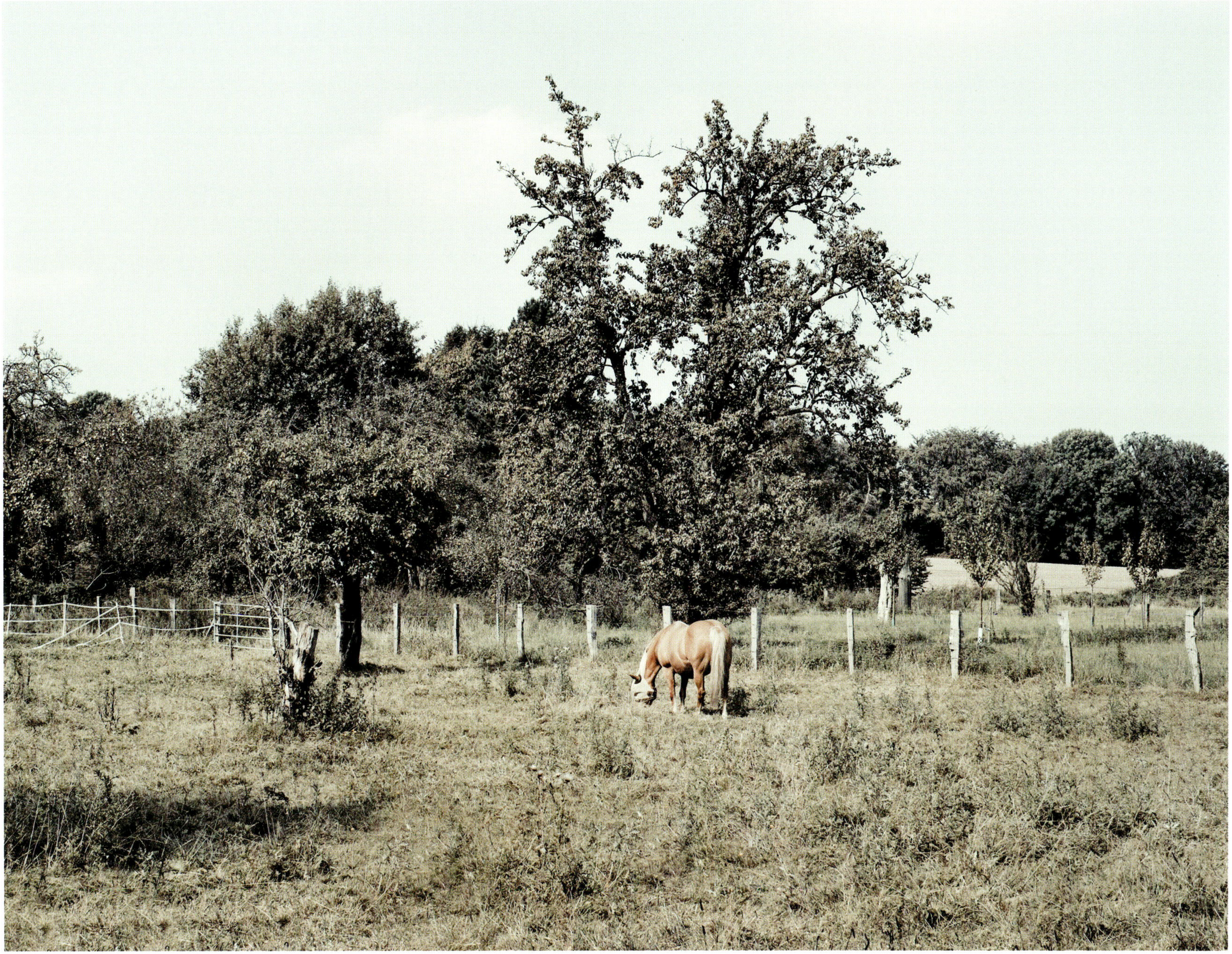

JULIEN
EILTANK 233
L110 B11.40 T2498
85x820 To.1325
04010240

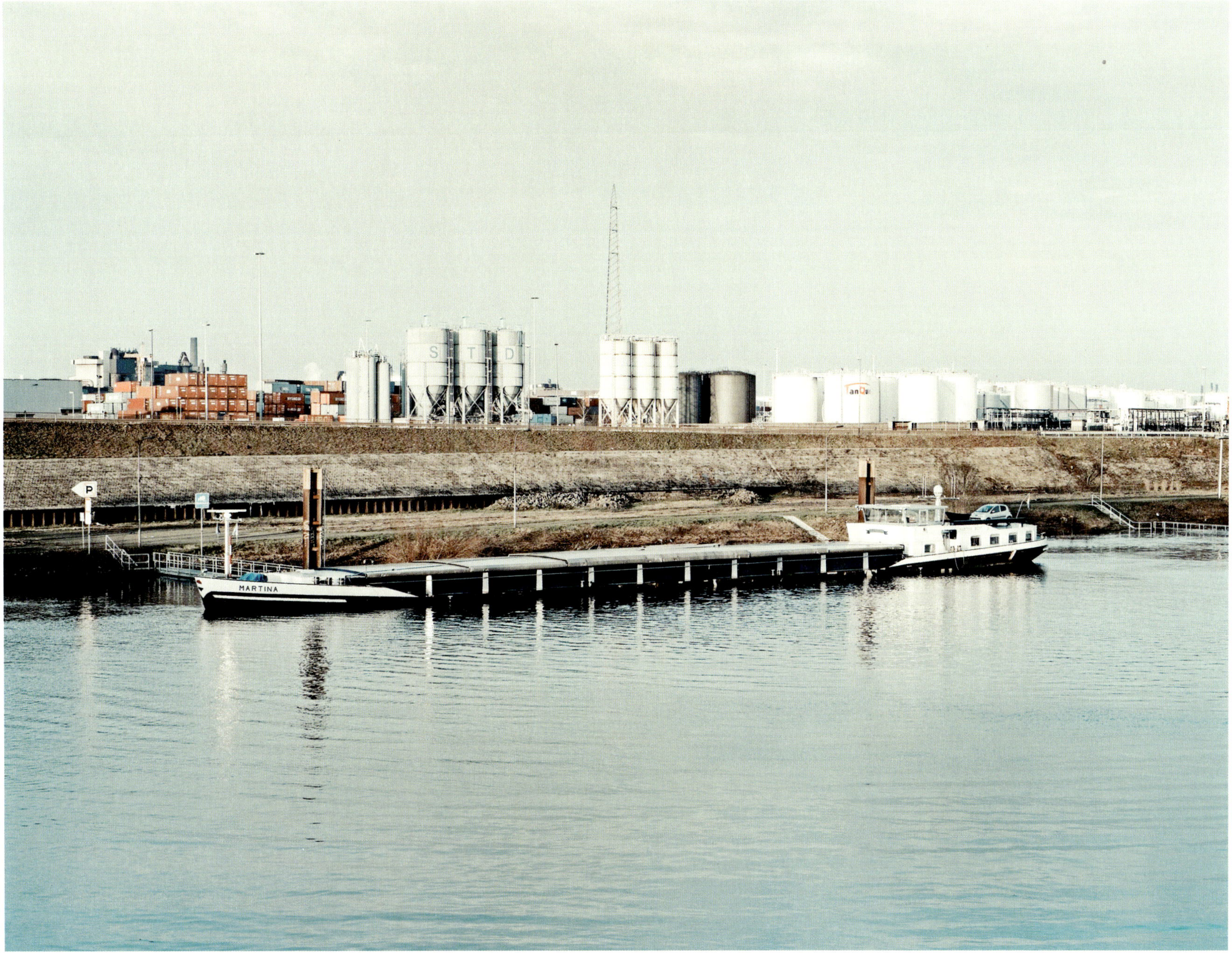
P
S T D
MARTINA

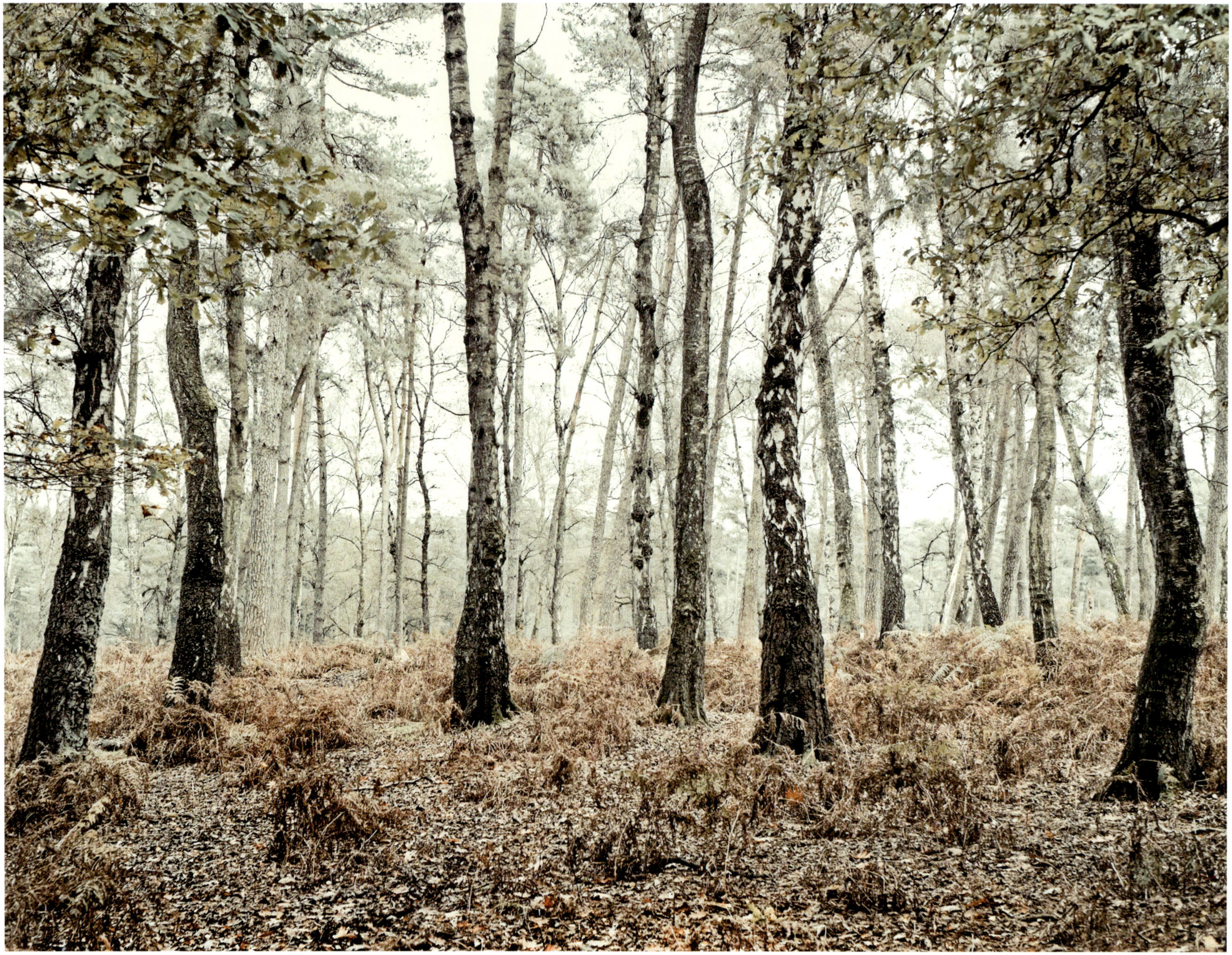

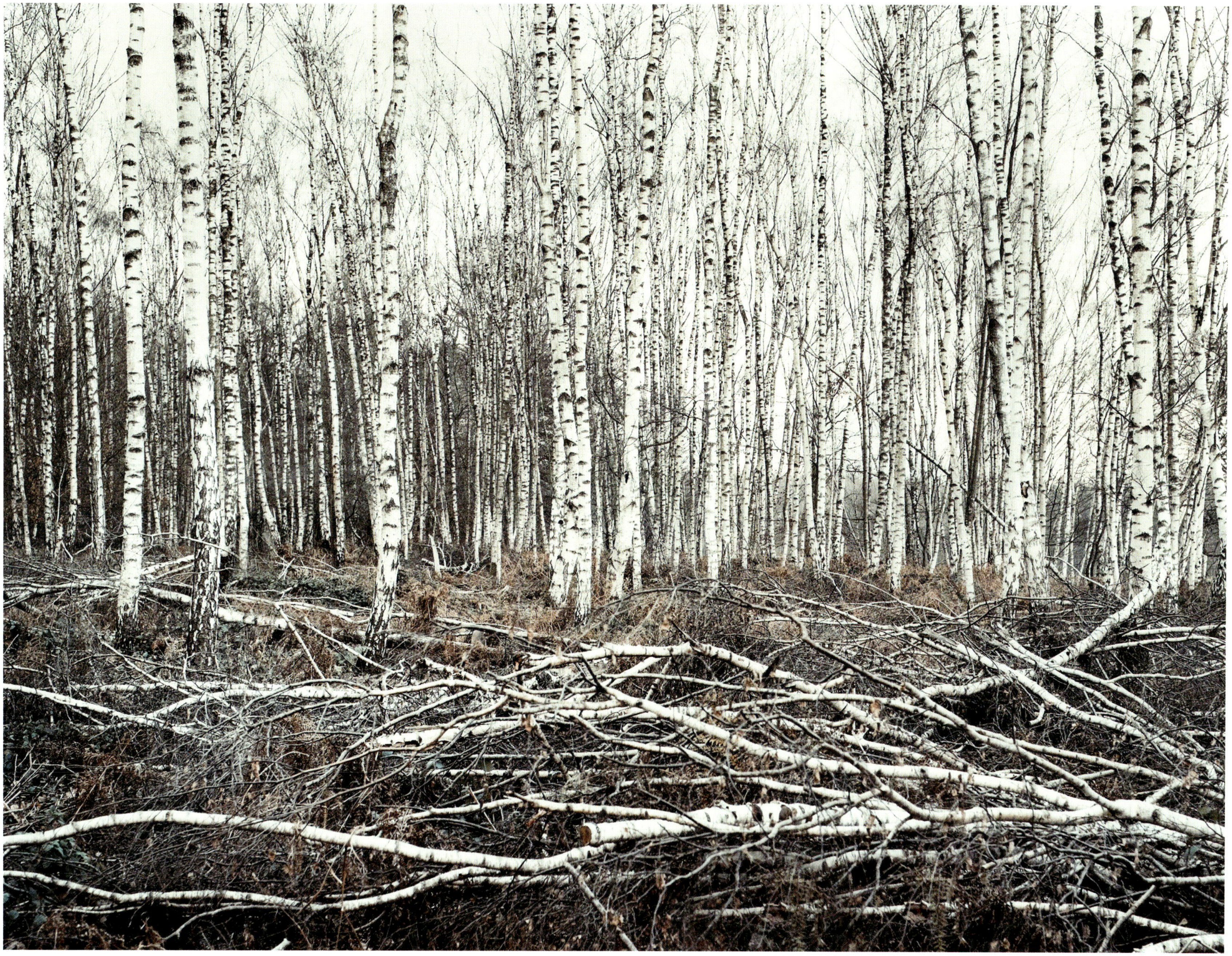

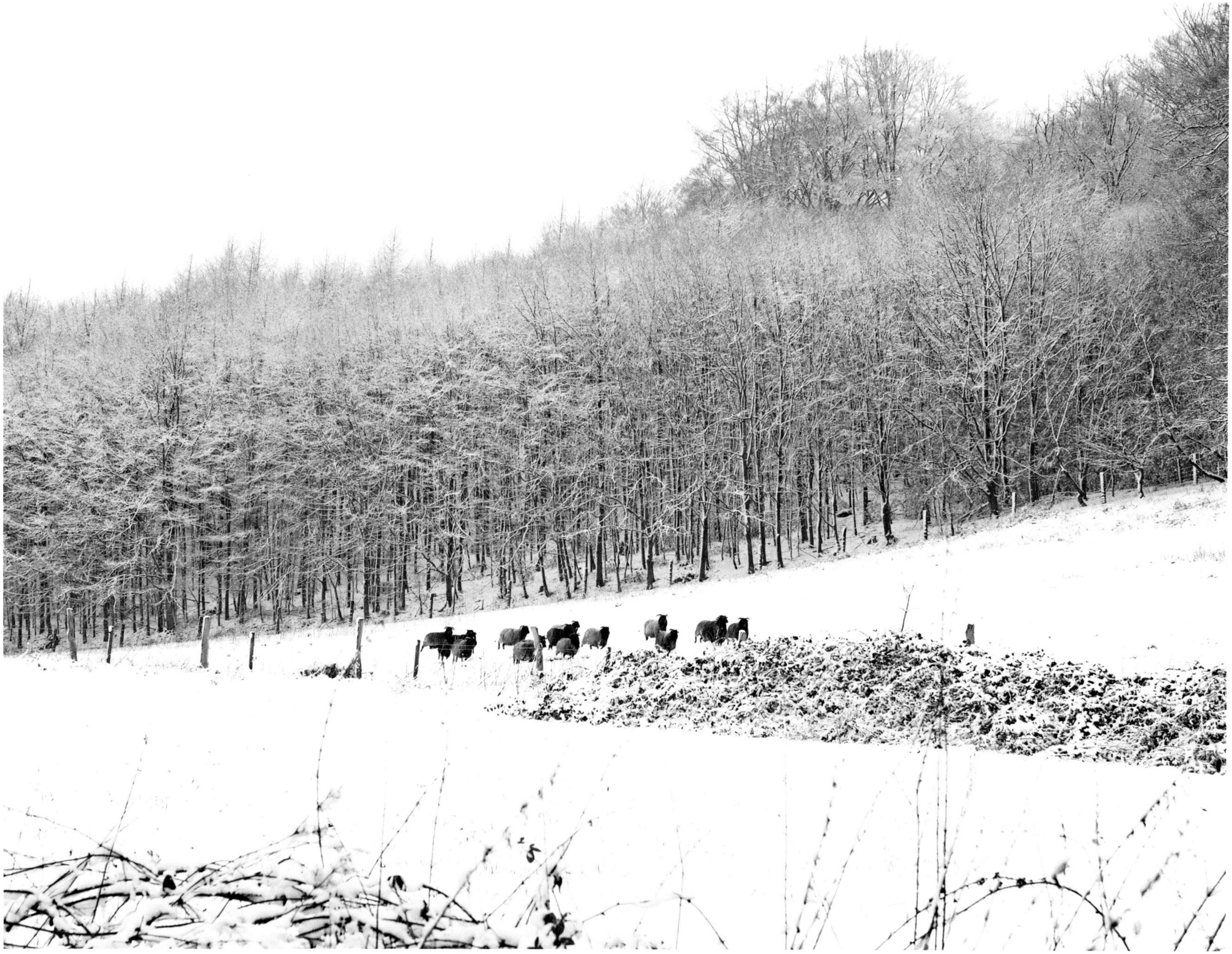

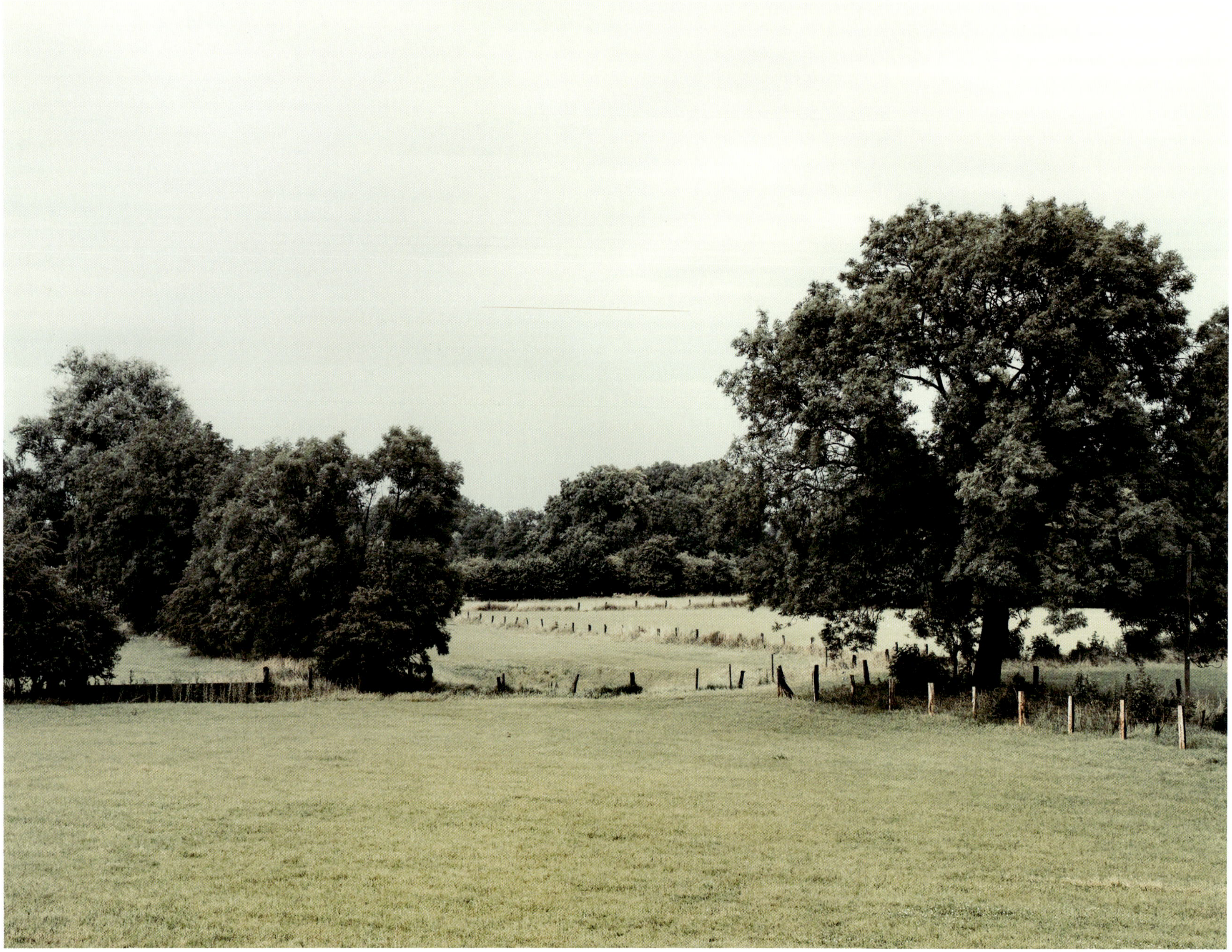

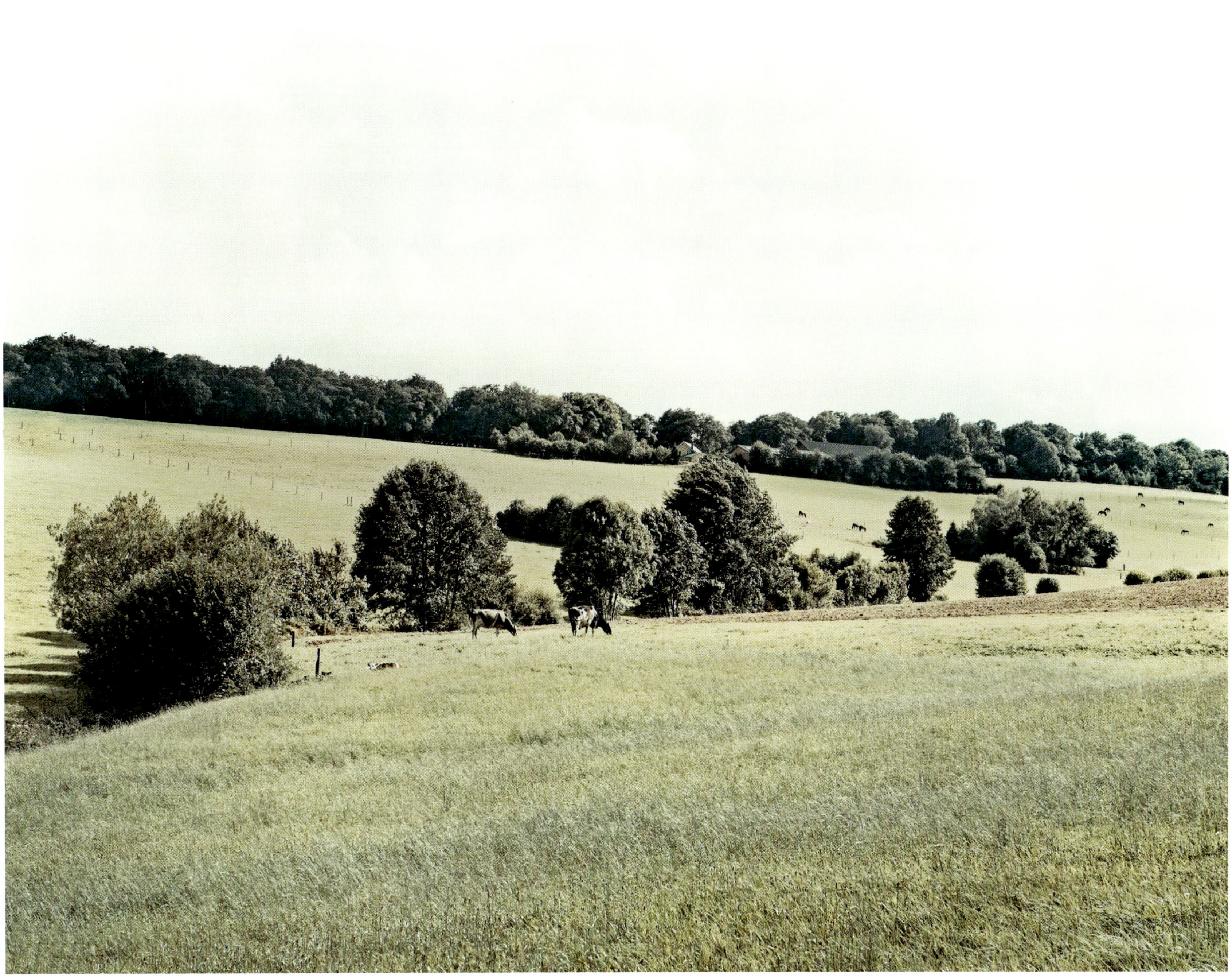

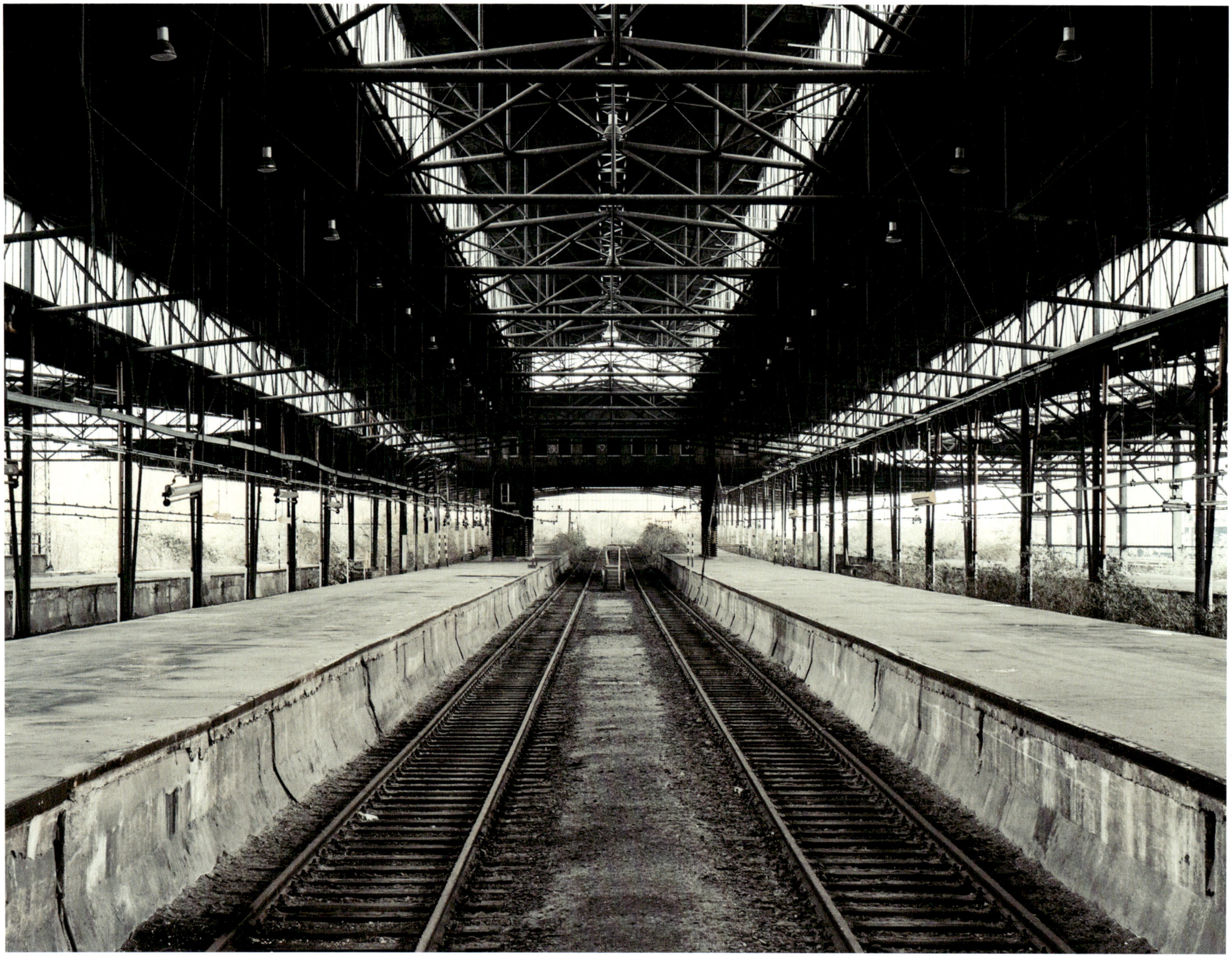

Romanas
Partyservice
Getranke
Bratwurst
Pommes
Goulaschsuppe
Erbsensuppe

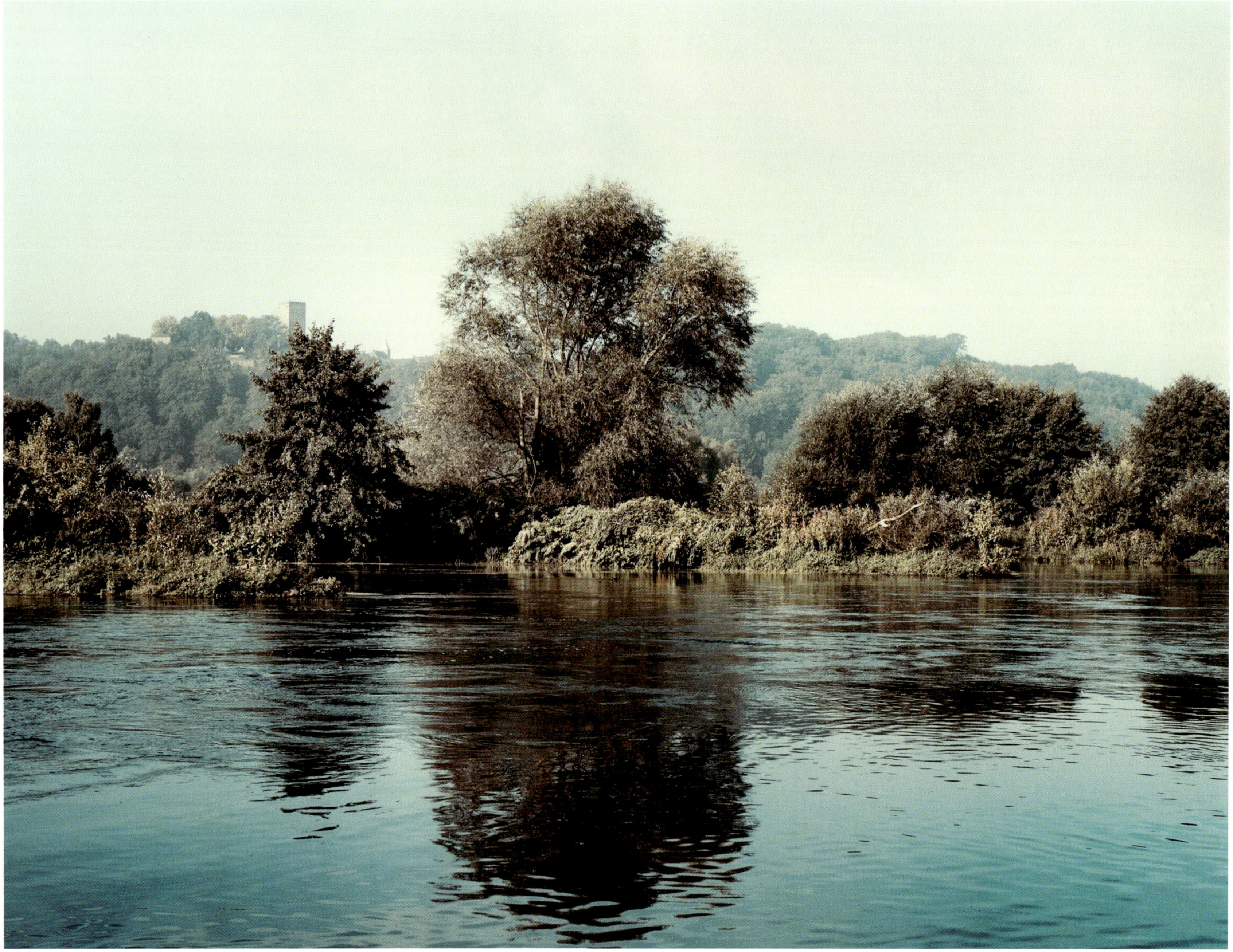

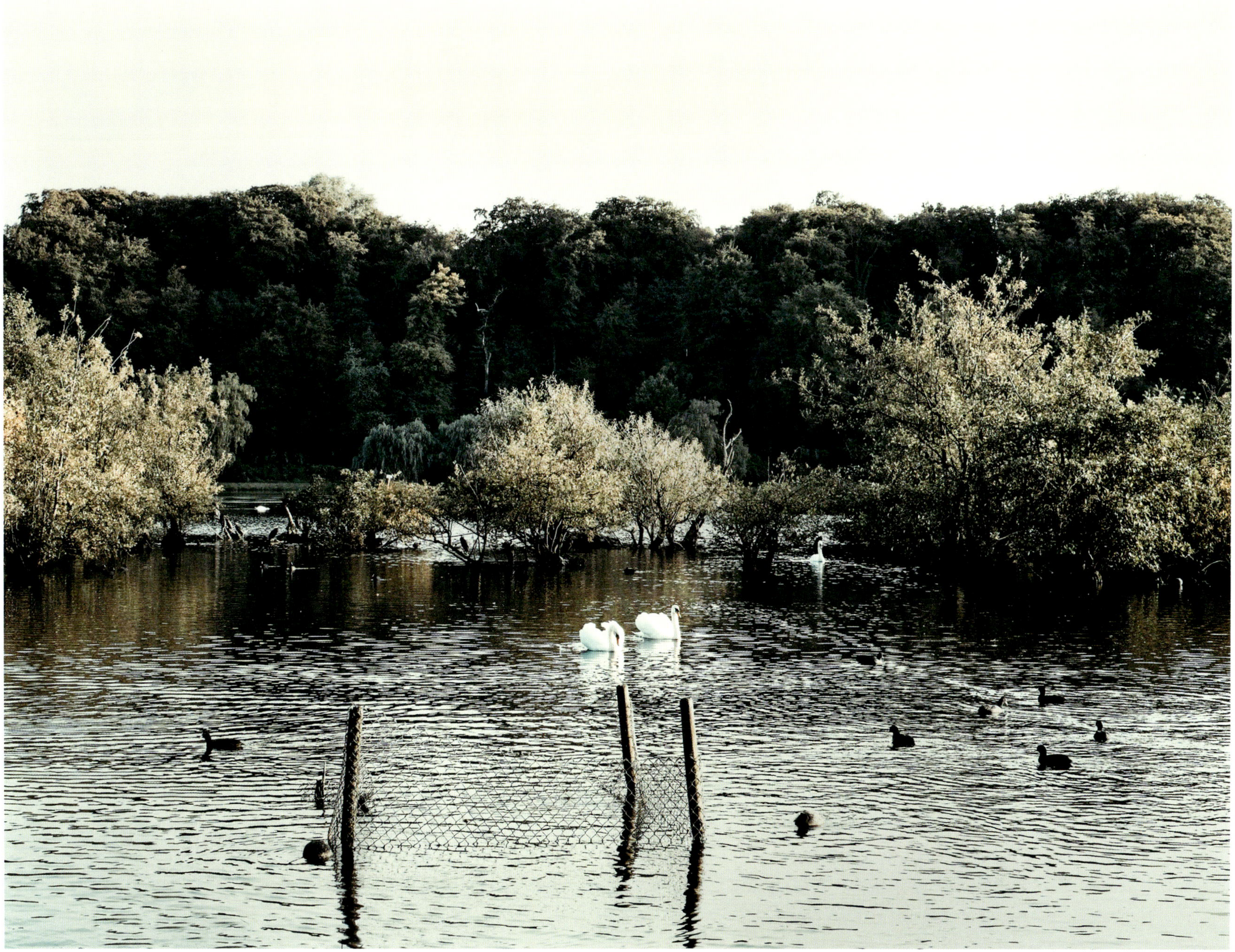

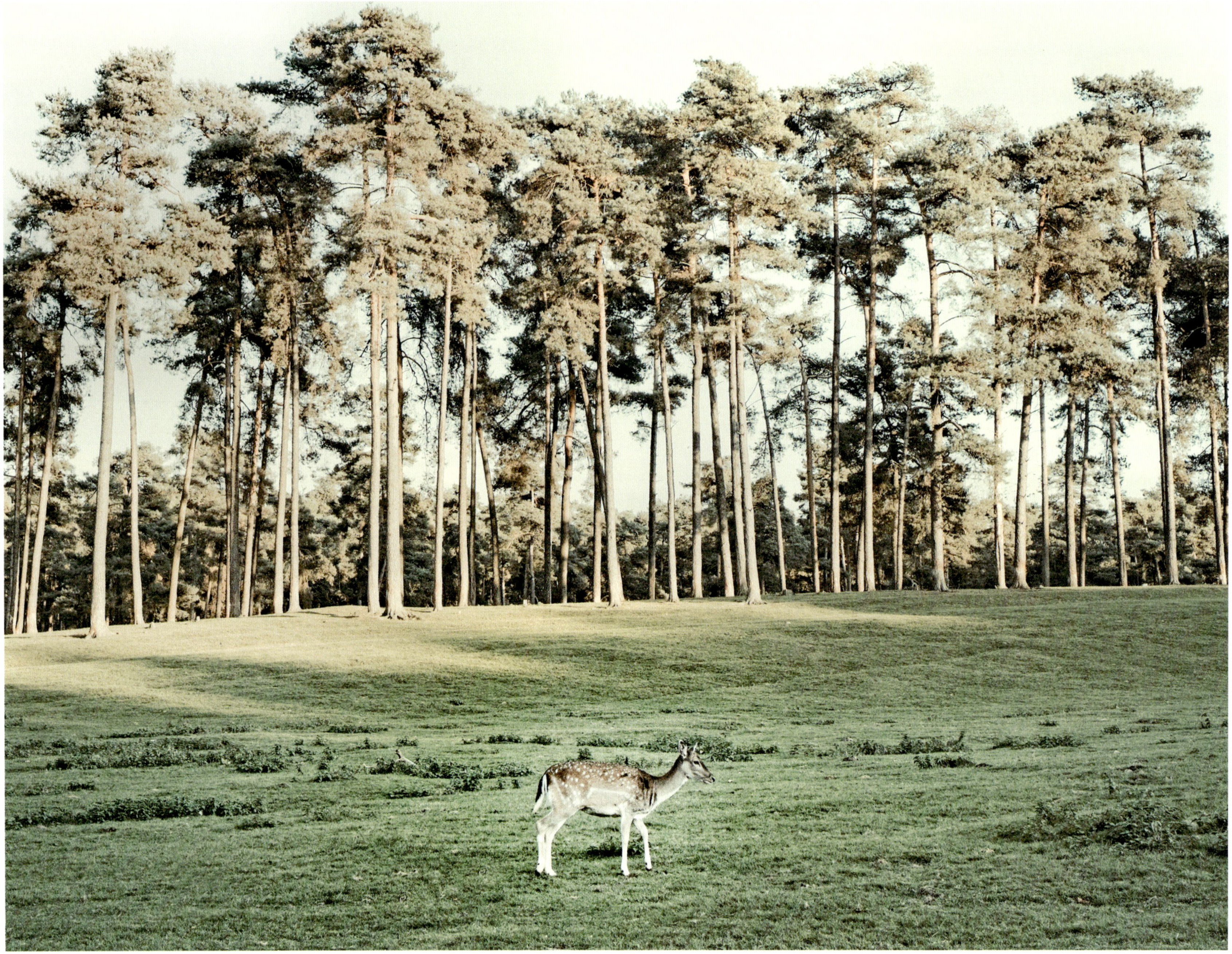

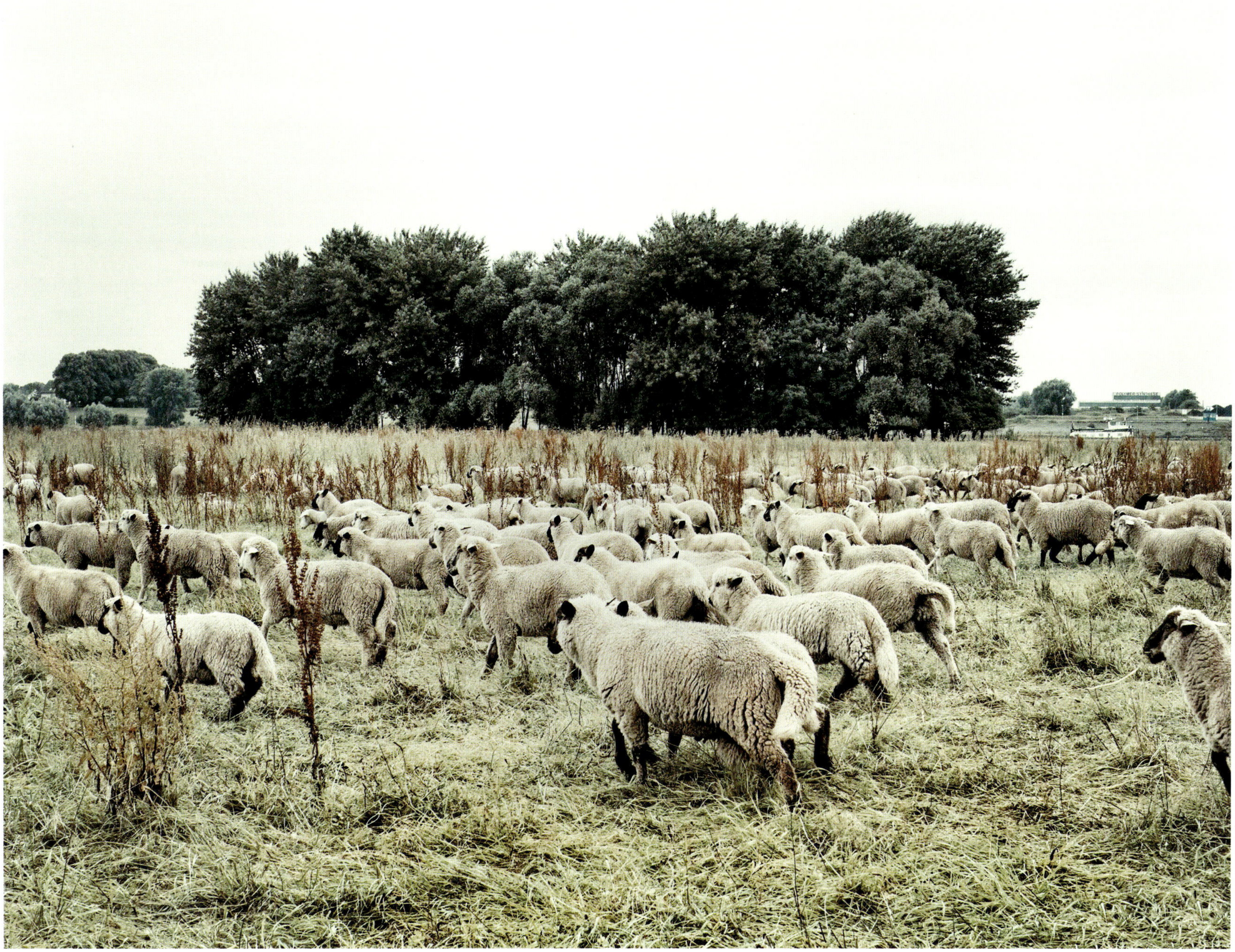

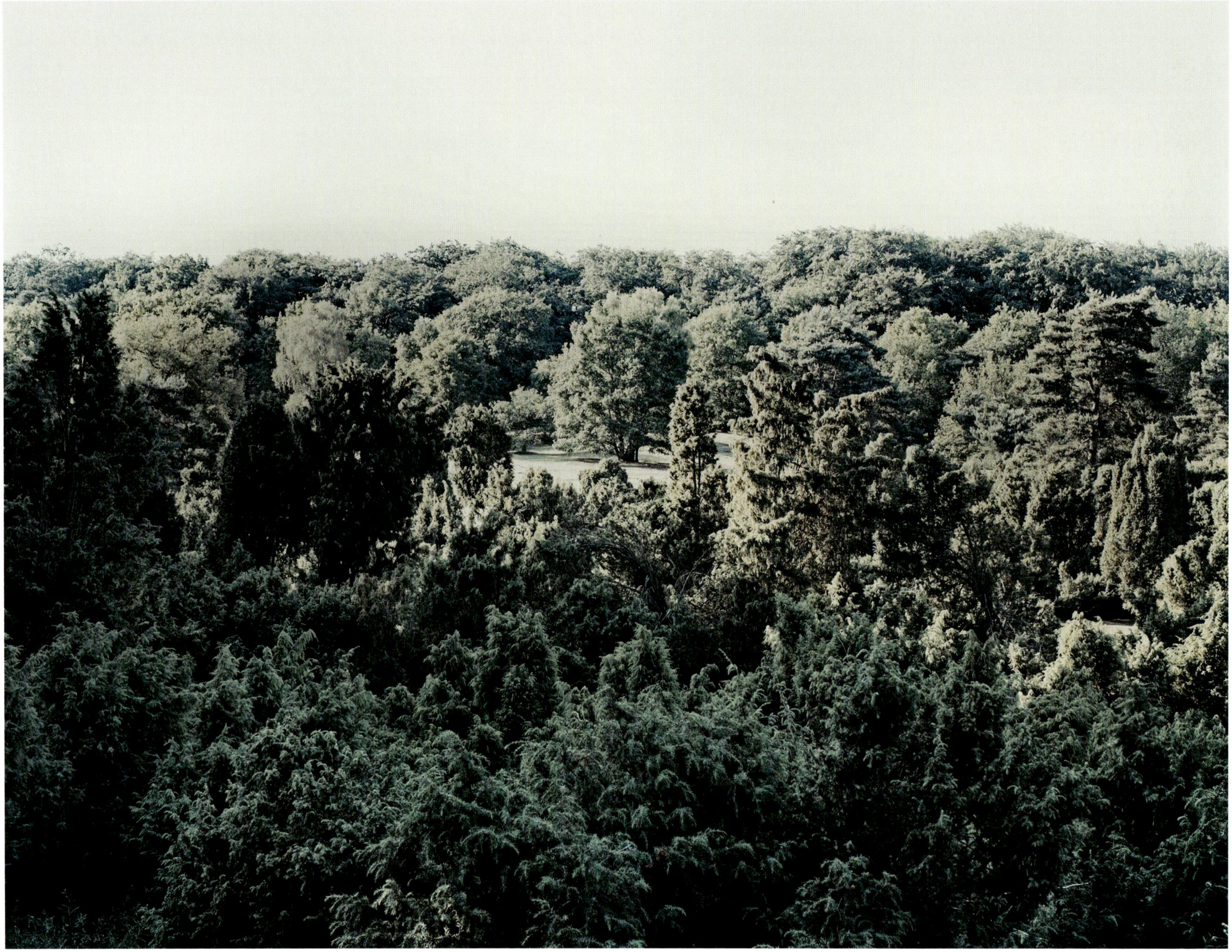

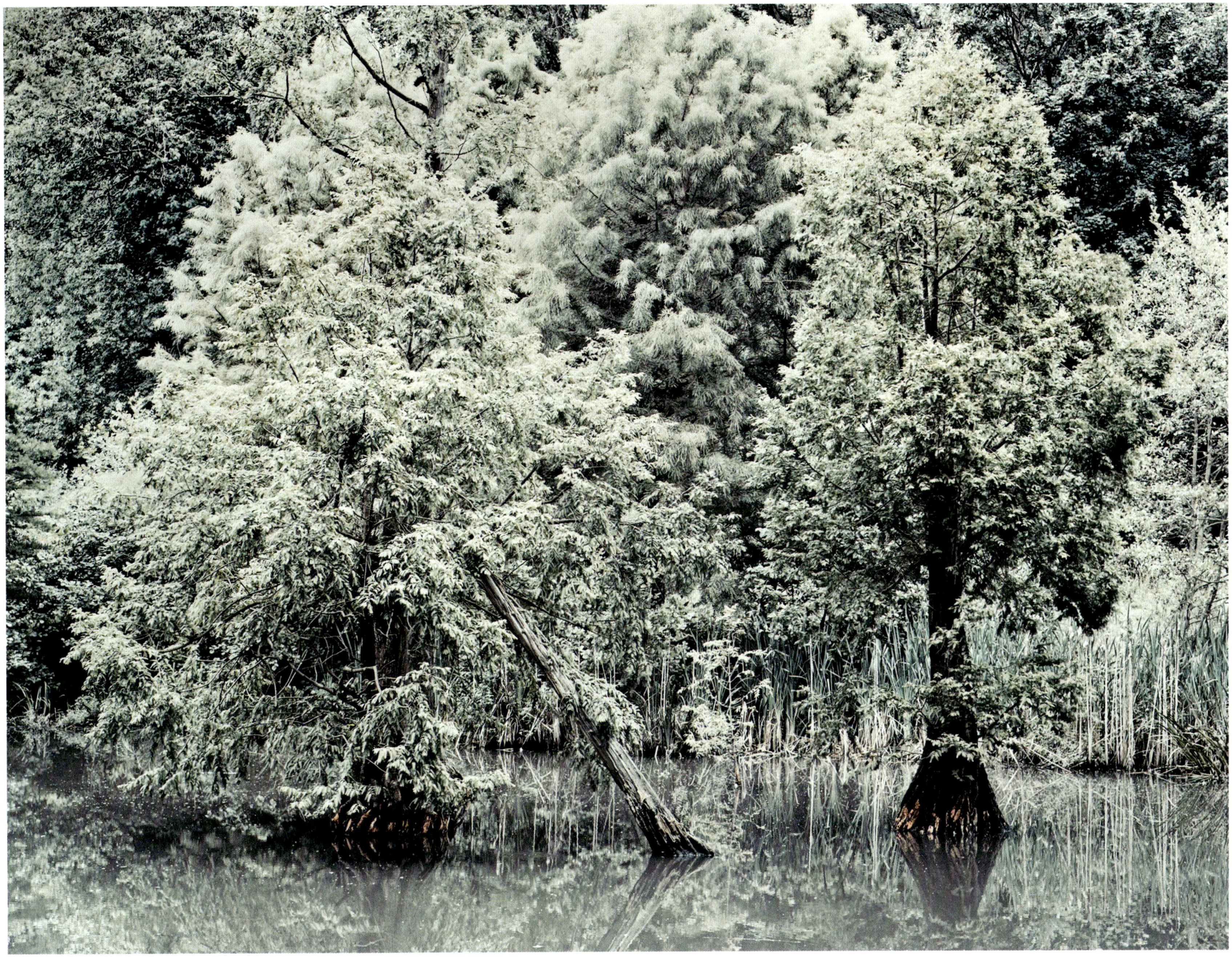

Prestige Body & Hair
Haut & Haar
Sun-Flower
NEUERÖFFNUNG
PRESTIGE
Body & Hae

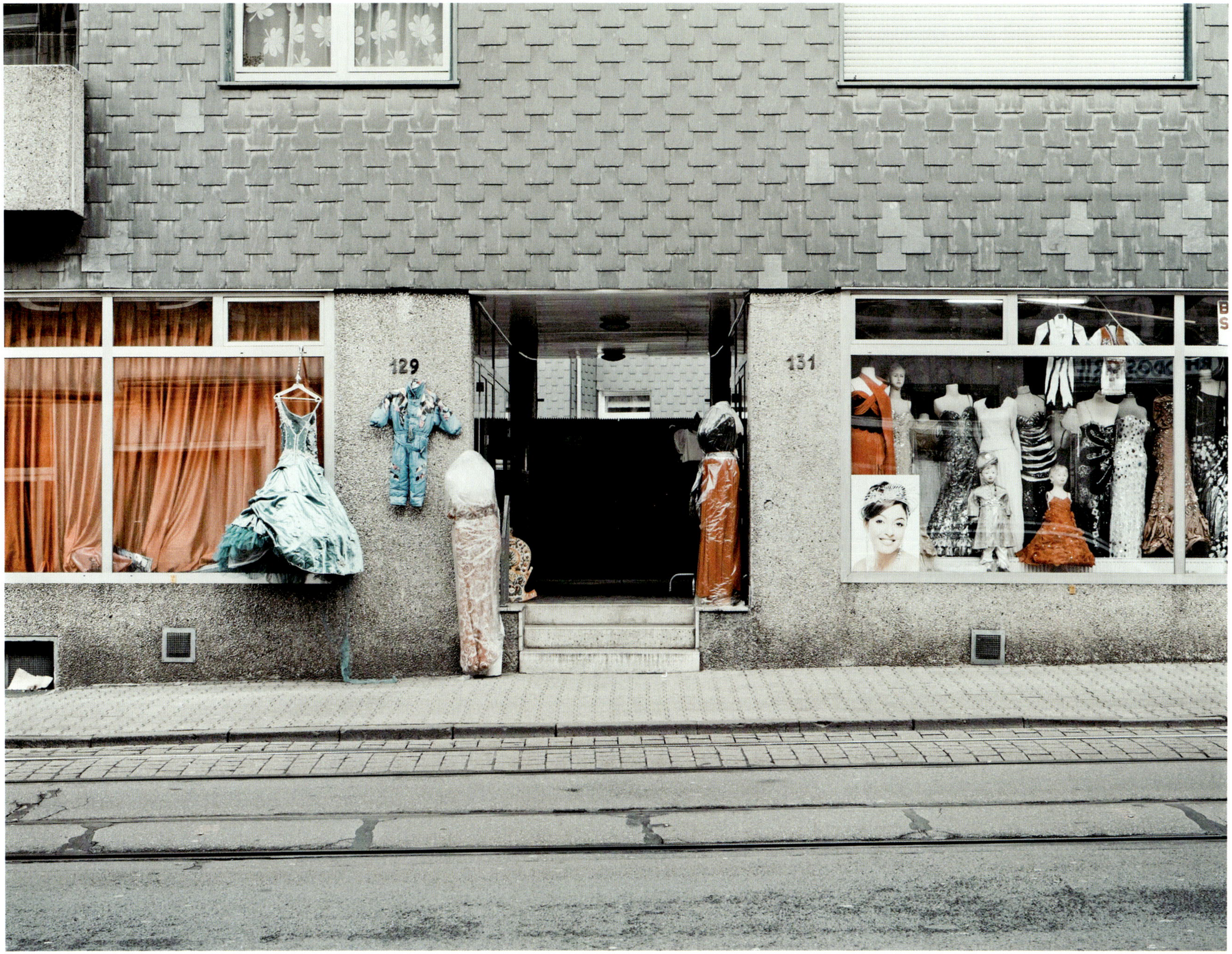
129
131

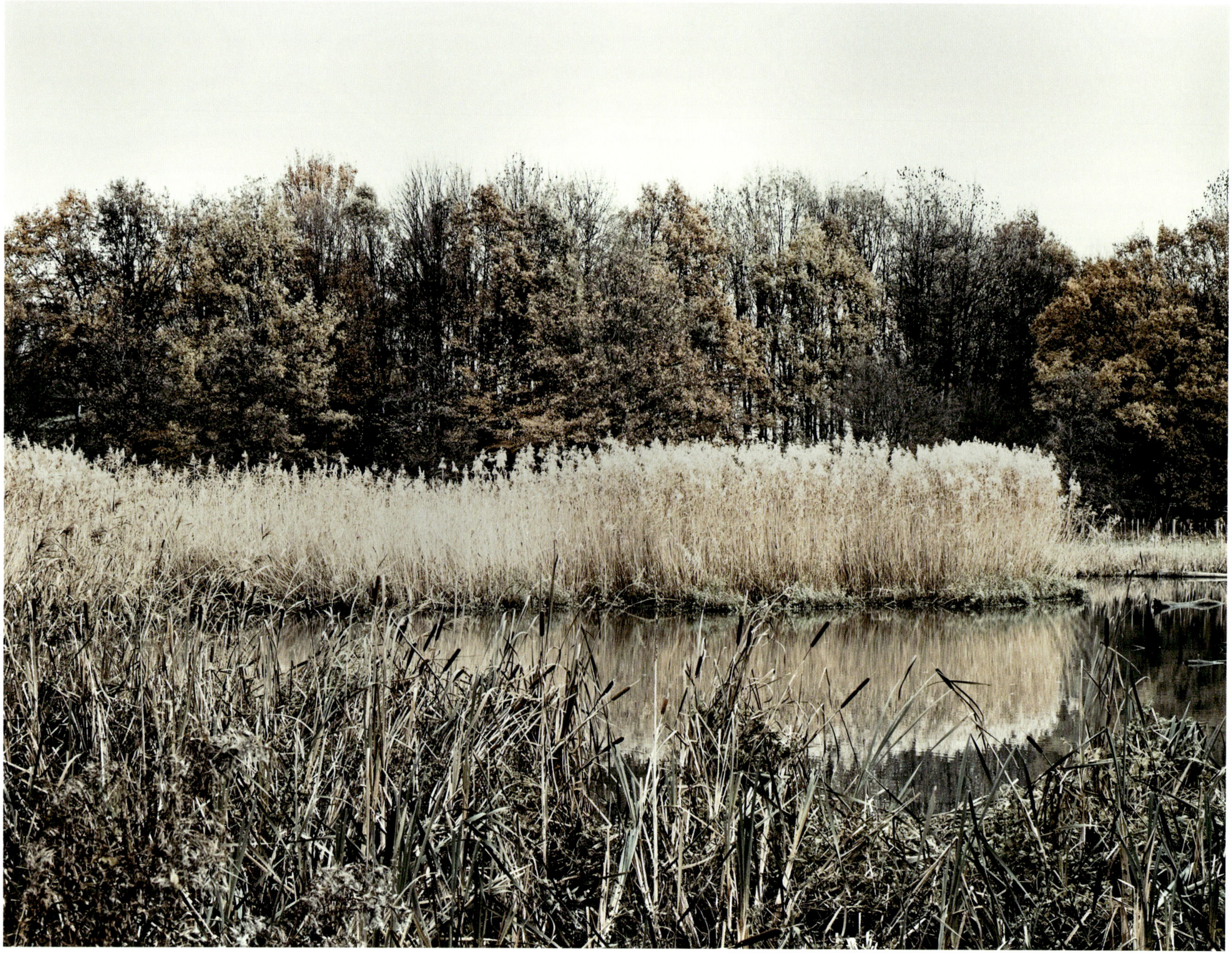

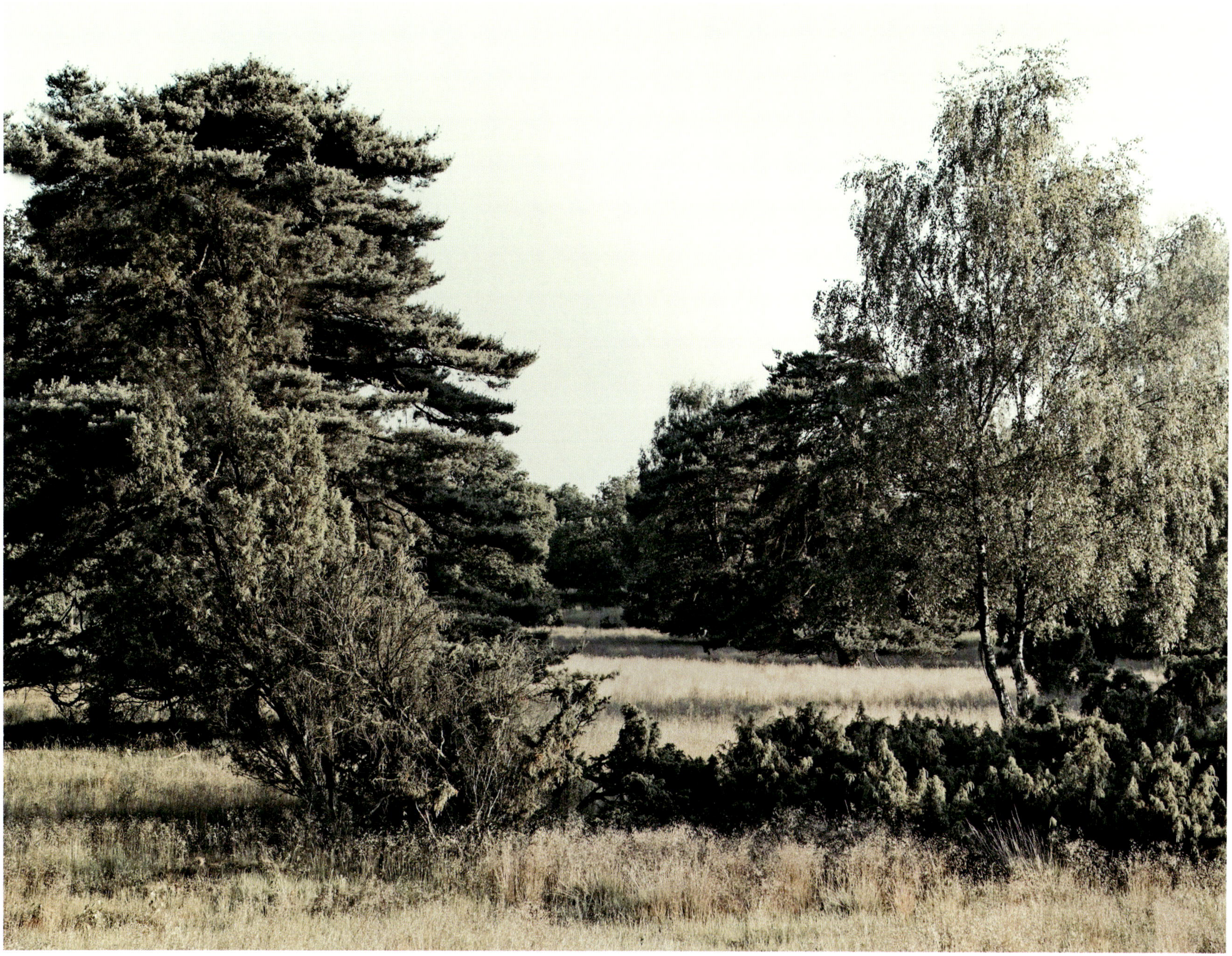

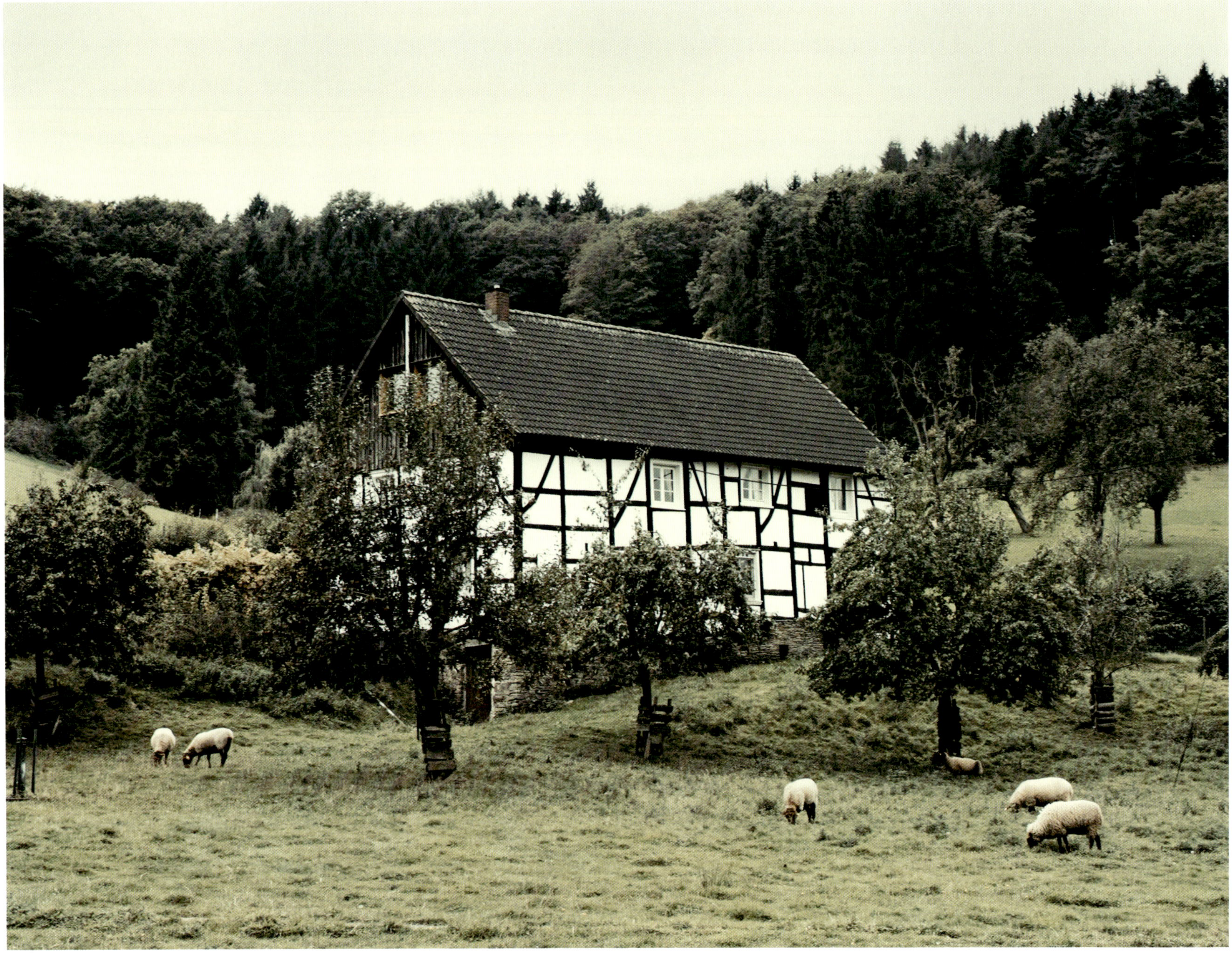

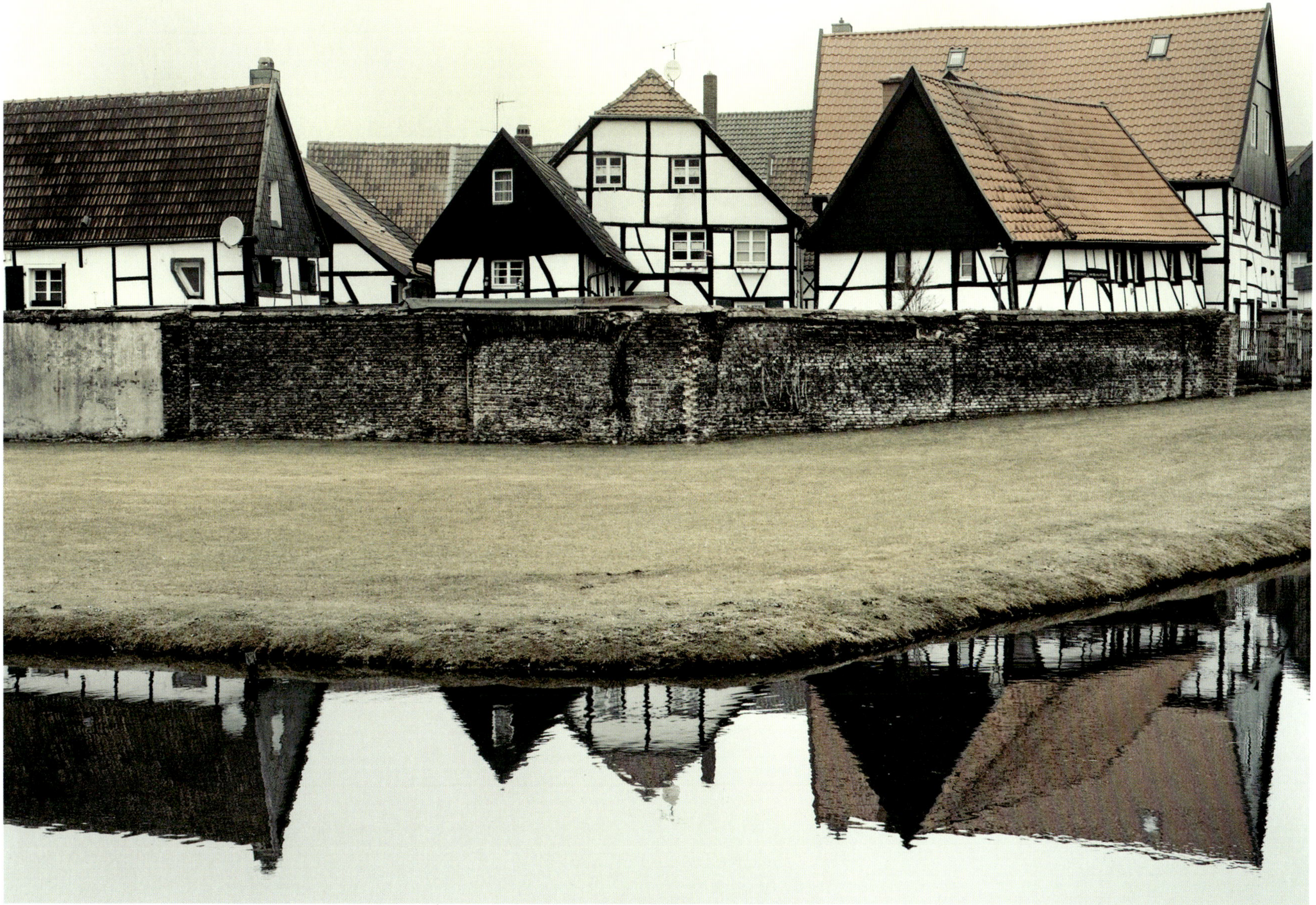

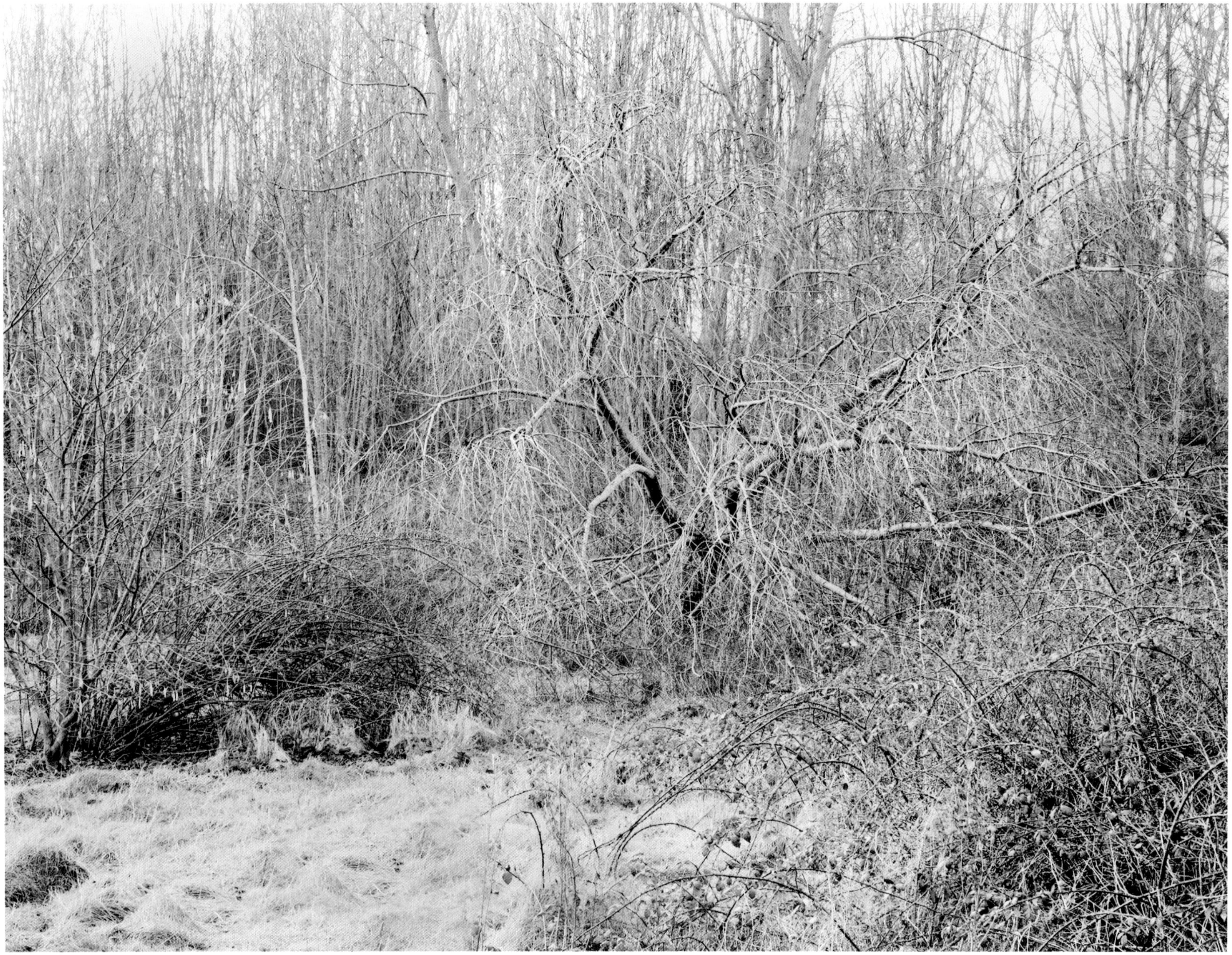

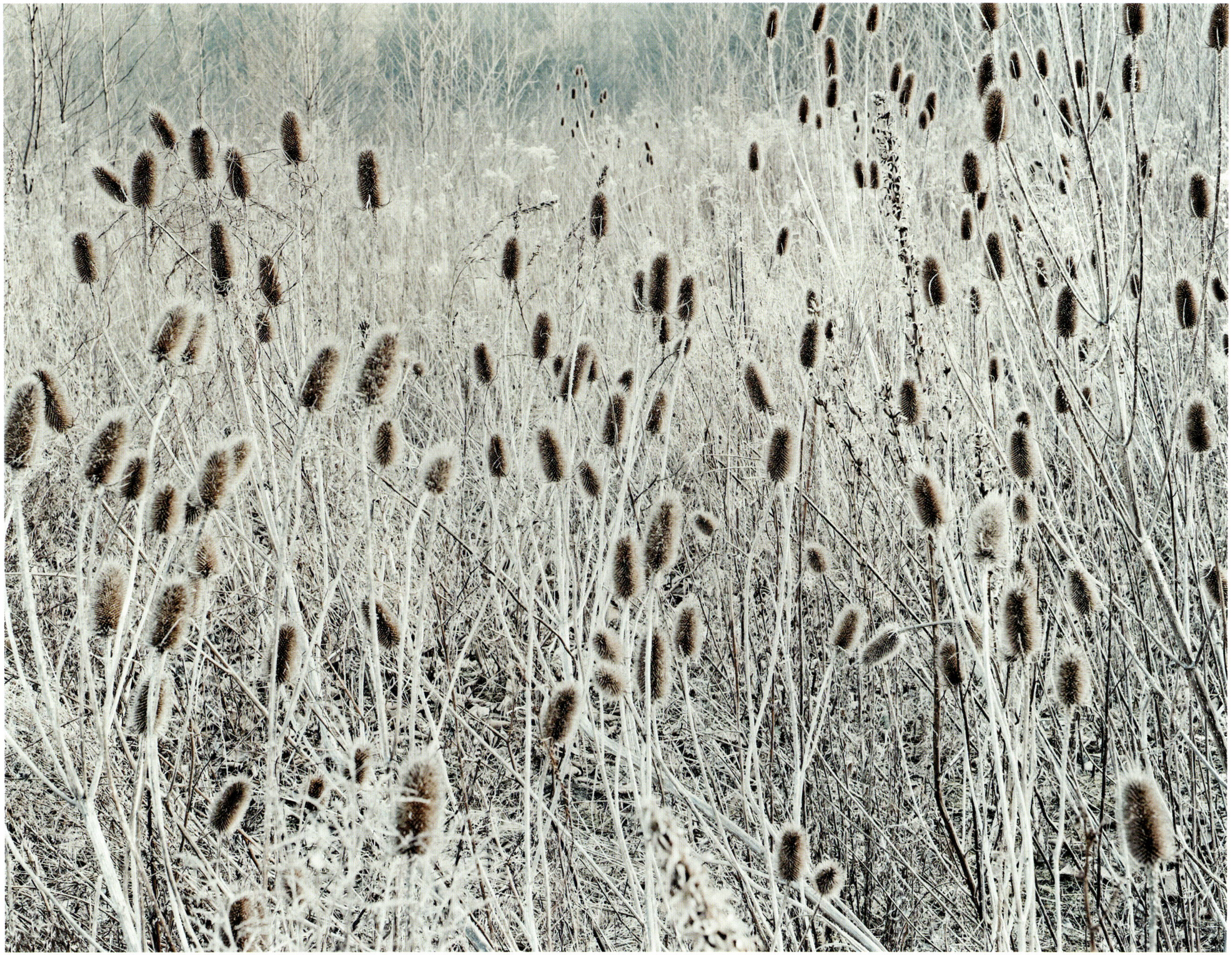

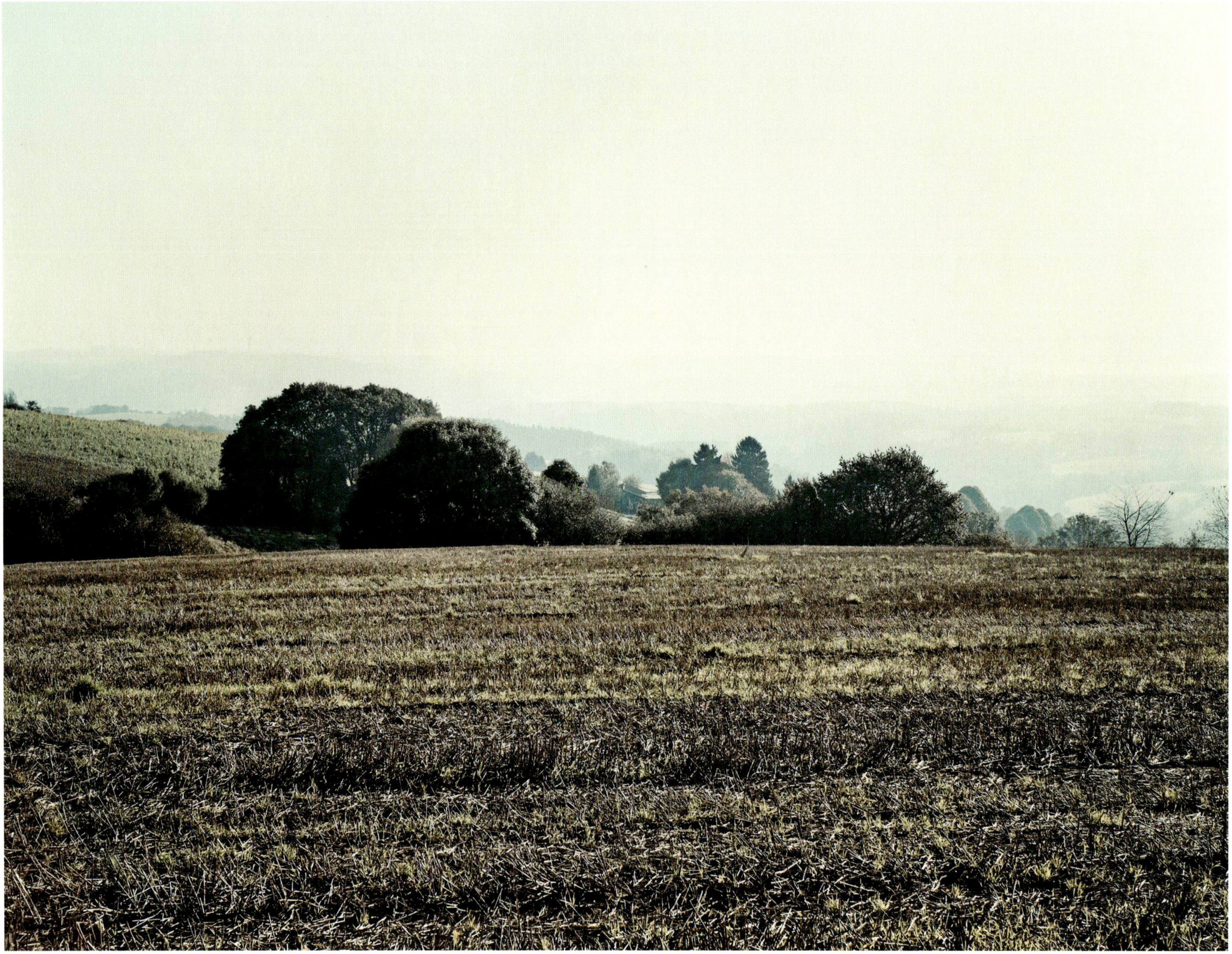

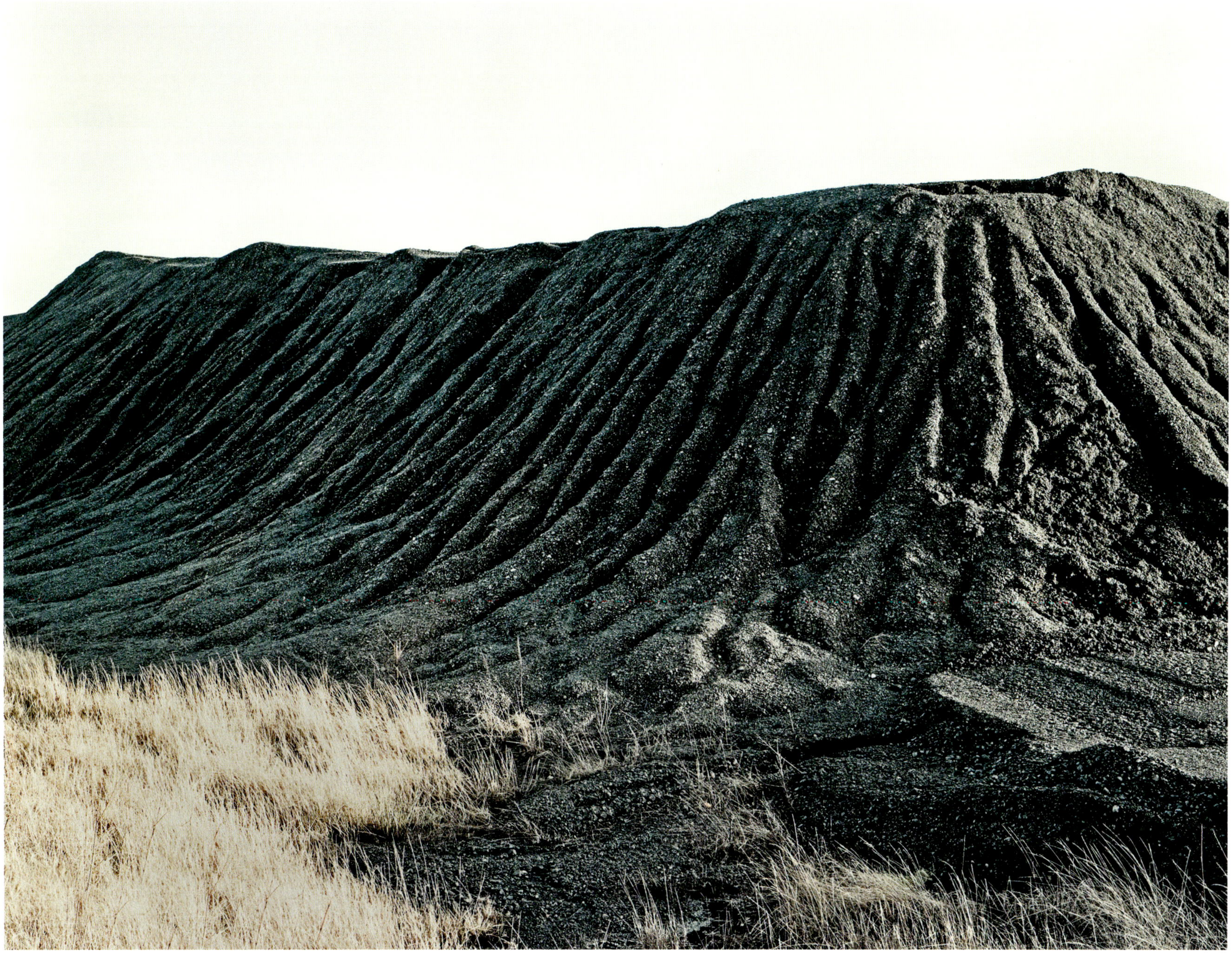

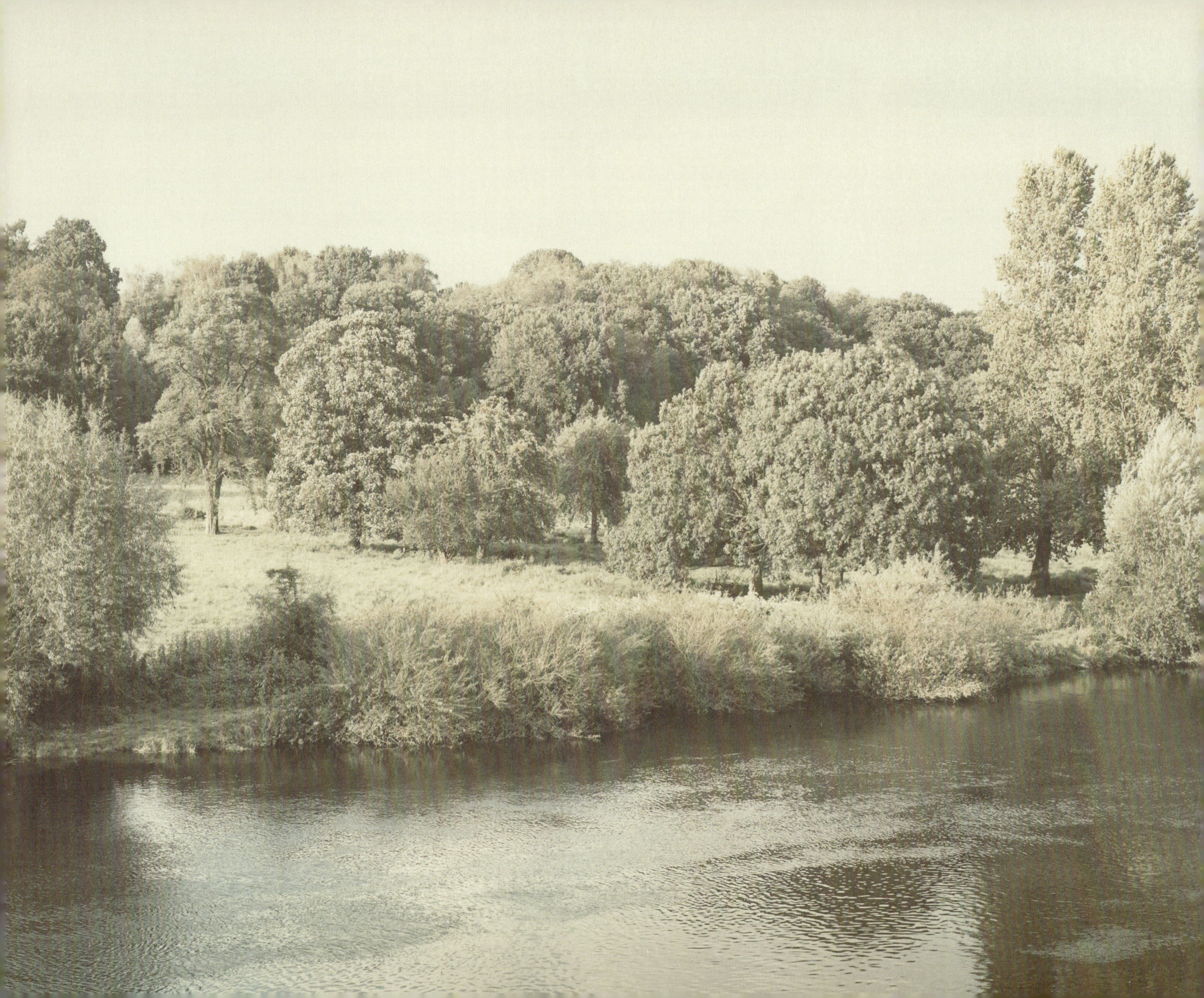

Bildverzeichnis

Fremdbilder des Bildbands

Seite 16 / 17	Dortmund-Brünninghausen / Bochum-Mitte
Seite 18 / 19	Haltern am See / Haltern am See
Seite 20 / 21	Gelsenkirchen-Bismarck / Wattenscheid-Höntrop
Seite 22 / 23	Hattingen-Oberbredenscheid / Hattingen-Elfringhausen
Seite 24 / 25	Gladbeck-Zweckel / Gladbeck-Zweckel
Seite 26 / 27	Haltern am See-Westrup / Haltern am See-Westrup
Seite 28 / 29	Hattingen-Winz / Bochum-Harpen
Seite 30 / 31	Bochum-Laer / Bottrop-Kirchhellen
Seite 32 / 33	Essen-Heisingen / Duisburg-Walsum
Seite 34 / 35	Hattingen-Niederwenigern / Hattingen-Niederwenigern
Seite 36 / 37	Duisburg-Bruckhausen / Duisburg-Bruckhausen
Seite 38 / 39	Mühlheim an der Ruhr-Saarn / Bochum-Stiepel
Seite 40 / 41	Waltrop-Oberwiese / Waltrop-Oberwiese
Seite 42 / 43	Dortmund-Mitte / Dortmund-Mitte
Seite 44 / 45	Holzwickede / Duisburg-Walsum
Seite 46 / 47	Duisburg-Ruhrort / Duisburg-Ruhrort
Seite 48 / 49	Bochum-Querenburg / Gelsenkirchen-Buer
Seite 50 / 51	Mühlheim an der Ruhr-Mintard / Bochum-Stiepel
Seite 52 / 53	Gelsenkirchen-Schalke / Herne-Baukau
Seite 54 / 55	Hattingen-Niederwenigern / Mühlheim an der Ruhr-Saarn
Seite 56 / 57	Herne-Crange / Herne-Crange
Seite 58 / 59	Bochum-Wiemelhausen / Herten-Westerholt
Seite 60 / 61	Wattenscheid-Eppendorf / Mühlheim an der Ruhr-Mintard

Fremdbilder des Bildbands

Seite 62 / 63	Duisburg-Ruhrort / Duisburg-Ruhrort
Seite 64 / 65	Haltern am See / Waltrop-Oberwiese
Seite 66 / 67	Sprockhövel-Hiddinghausen / Hattingen-Elfringhausen
Seite 68 / 69	Duisburg-Walsum / Hattingen-Elfringhausen
Seite 70 / 71	Wanne-Eickel / Recklinghausen-Hillerheide
Seite 72 / 73	Bochum-Stiepel / Essen-Heisingen
Seite 74 / 75	Haltern am See / Duisburg-Walsum
Seite 76 / 77	Haltern am See-Westrup / Dortmund-Brünninghausen
Seite 78 / 79	Gelsenkirchen-Ückendorf / Gelsenkirchen-Ückendorf
Seite 80 / 81	Gelsenkirchen-Buer / Haltern am See-Westrup
Seite 82 / 83	Hattingen-Elfringhausen / Herten-Westerholt
Seite 84 / 85	Wattenscheid-Höntrop / Bochum-Wiemelhausen
Seite 86 / 87	Breckerfeld / Herne-Crange

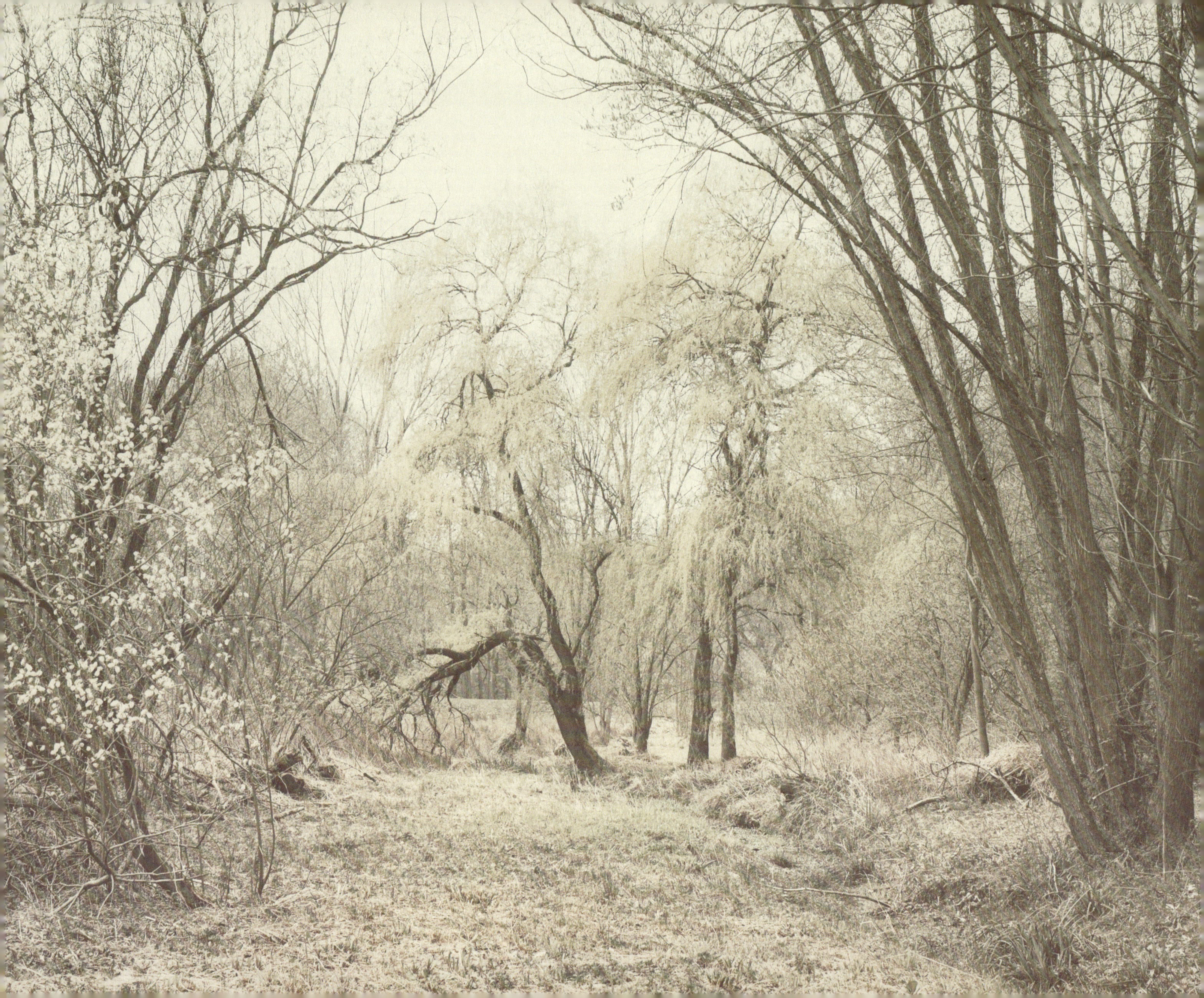

Impressum

Wir waren beteiligt

Alle Fotografien, Konzeption und Herausgeber
Thomas Solecki

Atelier im Hof
Brückstr. 21
44787 Bochum

www.thomas-solecki.de
www.facebook.com/Photography.Thomas.Solecki
info@thomas-solecki.de

Layout und Design
Jürgen Modis www.grafikdose.de
Thomas Solecki www.thomas-solecki.de

Lektorat
Katrin Adam www.textmamsell.de

Druckerei
Seltmann Printart www.seltmann.de

Wir waren beteiligt

Gedruckt auf 170g Profimatt

© 2015 der Fotografien bei Thomas Solecki
© 2015 der Texte bei den Autoren
© 2015 dieser Ausgabe bei gestaltentreffen Verlag

1. Auflage: 2015

Dieses Werk einschließlich aller seiner Teile ist urheberrechtlich geschützt. Alle Arten der Vervielfältigung oder der Wiedergabe des Buches sind ohne vorherige Zustimmung des Autors unzulässig. Dies gilt für alle Arten der Nutzung, insbesondere für den Nachdruck von Texten und Bildern, deren Vortrag, Aufführung und Vorführung, die Übersetzung, die Verfilmung, die Mikroverfilmung, die Sendung und die Einspeicherung und Verarbeitung in elektronischen Medien.

ISBN 978-3-9814802-3-8

Eine gestaltentreffen Verlag-Produktion

Alle Fotografien des Bildbands sind als hochwertige Fine Art Abzüge in einer limitierten Edition in unterschiedlichen Formaten beim Fotografen auf Anfrage erhältlich.

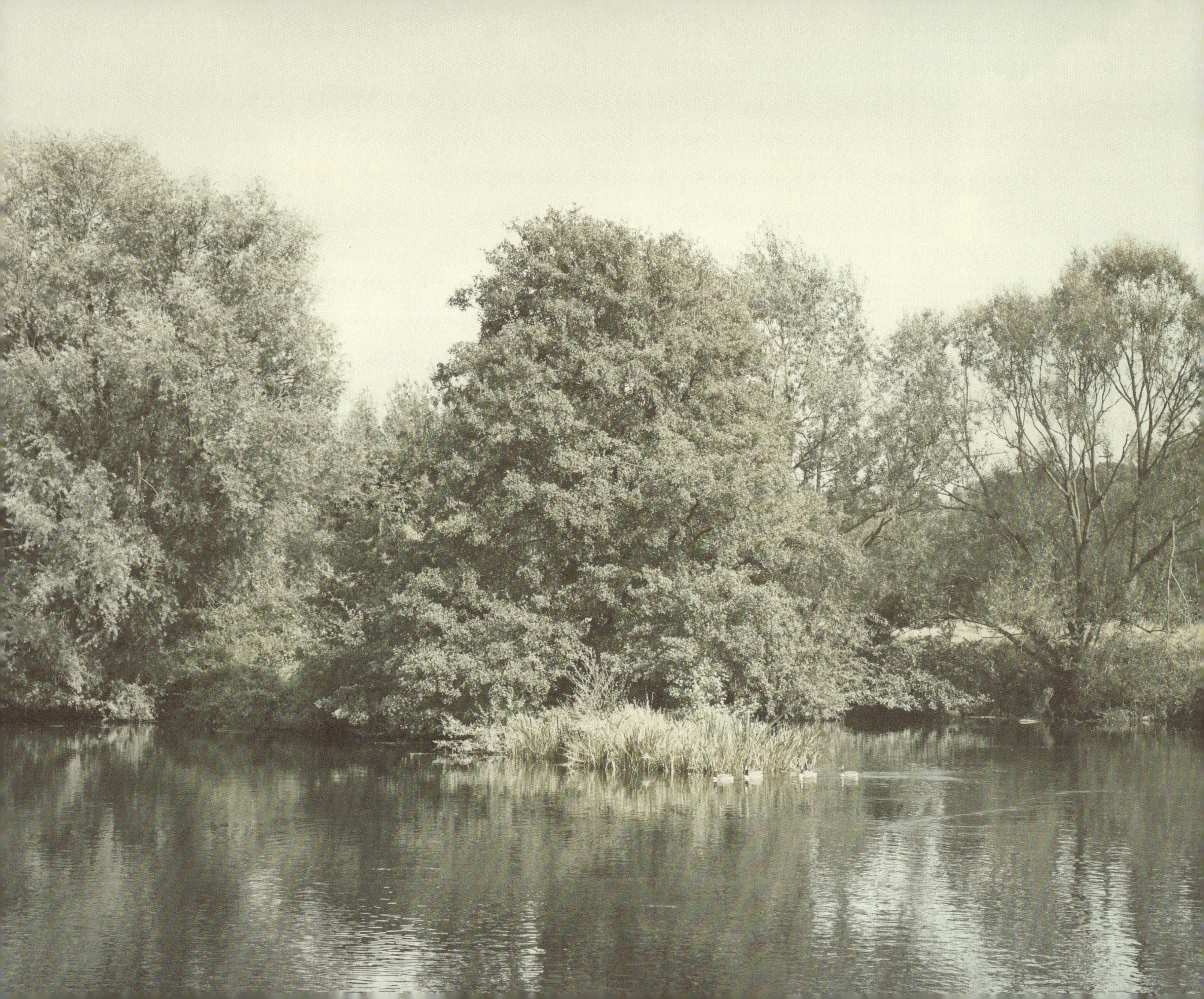

Dank

Ein großes Dankeschön!

Für die Förderung des Bildbands und die Unterstützung möchte ich mich ganz herzlich bei der Stadtwerke Bochum GmbH und dem Landschaftsverband Westfalen-Lippe bedanken.

Dank an die Zoom Erlebniswelt Gelsenkirchen, den Naturwildpark Granat, die world of lights, den Westfalenpark Dortmund und den SC Westfalia 04 Herne e. V.

Ebenfalls bedanken möchte ich mich bei Katrin Adam für die stets präzise Korrektur der Texte.
Bedanken möchte ich mich bei Peter Liedtke für das wunderbare und treffende Vorwort.
Dank an Jürgen Modis für die Gestaltung und den passenden Rahmen für das Buch.

Leidenschaft für Heimat:

STADTWERKE BOCHUM   **LWL**
Für die Menschen.
Für Westfalen-Lippe.